HANS RALL · MICHAEL PETZET

KÖNIG LUDWIG II.

VERLAG SCHNELL & STEINER · MÜNCHEN

Die Biographie König Ludwigs II. wurde von Prof. Dr. Hans Rall, Vorstand des Geh. Hausarchivs, erarbeitet. Dr. Michael Petzet stellte die Abbildungen nach z. T. unveröffentlichten Bilddokumenten der Bayerischen Verwaltung der Staatlichen Schlösser, Gärten und Seen zusammen und verfaßte den Abbildungskatalog. Die Zeittafel wurde von den Autoren gemeinsam redigiert.

 · GESAMTHERSTELLUNG IN DER OFFIZIN DES VERLAGES IN WALDSASSEN
4. AUFLAGE 1974 ISBN 3 7954 0702 8

König Ludwig II. nach einer Zeichnung von R. E. Kepler 1886

1845, 25. August: Prinz Ludwig, der spätere König Ludwig II., in Schloß Nymphenburg als ältester Sohn des Kronprinzen Max und seiner Gattin Marie, geb. Prinzessin v. Preußen, geboren und unter Patenschaft seines Großvaters, des Königs Ludwig I. (regiert 1825-1848, gestorben 1868) auf den Namen Ludwig getauft. Ludwig I. war Patenkind des Königs Ludwig XVI. von Frankreich. 15. Nov. Titel „Erbprinz" geschaffen

1848, 20. März: König Ludwig I. dankt zugunsten seines Sohnes, nunmehr König Maximilian II., ab, der fast 3jährige Prinz Ludwig wird Kronprinz
27. April: Ludwigs Bruder Otto geboren

1861, 16. Juni: Kronprinz Ludwig hört als erste Wagner-Oper „Lohengrin"

1864, 10. März: König Max II. stirbt, Ludwig II. wird König
4. Mai: Erstes Zusammentreffen mit Richard Wagner
Zwischen 1. August und 4. Dezember holt sich Ludwig II. drei neue Minister: für Kultus Nik. v. Koch, Justiz Eduard v. Bomhard, Äußeres Ludwig Frh. v. der Pfordten

1865, 10. Juni: Uraufführung des „Tristan" im K. Hof- und Nationaltheater in München – Ludwig II. plant Neugestaltung Münchens durch Gottfried v. Semper
27. August: Wagner beendet den Entwurf zu „Parsifal", für Ludwig II. ist das Stück „reinste, erhabenste Religion"
12. Oktober: Pfordten übersendet auf Ludwigs Wunsch ein Gutachten über Bayerns Lage, seit Österreich in Gastein das in Schleswig-Holstein zu schützende Prinzip von zum Eigenleben gewillten Bundesgliedern preisgab
10. Dezember: Richard Wagner muß München verlassen

1866, 28. Februar: Österreich bereitet Mobilisierung vor – 29. März: Preußen mobilisiert zum Teil – 6. April: Österreich macht Bayerns Vermittlungspolitik zunichte
11. April, Ludwig II. spricht mit Fürst Chlodwig v. Hohenlohe-Schillingsfürst über Preußens Ausdehnungspolitik
9. Mai: Ludwig II. will lieber abdanken als Mobilmachung befehlen
10. Mai: Ludwig II. befiehlt Mobilmachung für den 22. 6.
14. Mai: Pfordten bemüht sich noch einmal um Frieden
22. Mai: Ludwig II. besucht Richard Wagner an dessen Geburtstag in Triebschen in der Schweiz
27. Mai: Ludwig II. eröffnet den ersten Landtag seiner Regierung mit einer Thronrede: „... Noch will Ich die Hoffnung nicht aufgeben, daß das Verderben eines Bürgerkrieges von Deutschland abgewendet werde, daß eine Lösung der schleswig-holsteinischen Frage auf dem Wege des Rechts und eine zeitgemäße Reform des Deutschen Bundes unter

Mitwirkung einer nationalen Vertretung unserem großen Vaterlande neuerdings dauernden Frieden gebe."
8. Juni: Bayern will Österreich nur helfen, wenn es angegriffen wird
10. Juni: Bismarcks kleindeutsche Verfassungsskizze
16. Juni: Der angegriffene Deutsche Bund beschließt Krieg gegen Preußen
25. Juni: Ludwig II. im bayer. Hauptquartier in Bamberg
27. Juni: Ludwigs I. Bruder Prinz Karl Oberbefehlshaber der süddeutschen Bundestruppen
2. Juli: Ludwig II. ruft das bayerische Volk für „die Erhaltung des gesamten Deutschland als eines freien und mächtigen Ganzen und für die Erhaltung Bayerns als eines selbständigen, würdigen Gliedes des großen deutschen Vaterlandes" auf
3. Juli: Österreich wird bei Königgrätz besiegt
22. August: Bayerns Vertreter schließen ohne die vom König geforderten Garantien den Friedensvertrag und ein Schutz- und Trutzbündnis mit Preußen
31. Dezember: Ludwig II. beruft statt v. der Pfordten Fürst Chlodwig von Hohenlohe-Schillingsfürst als Minister des K. Hauses und des Äußeren und Vorsitzenden im Ministerrat

1867, 22. Januar: Ludwig II. verlobt sich mit der Tochter Sophie des Herzogs Maximilian in Bayern
31. Mai: Ludwig II. reist auf die Wartburg
8. Juli: Vertrag über die Erneuerung des (kleindeutschen) Zollvereins, über Zollbundesrat und Zollparlament unterzeichnet
20. Juli: Ludwig II. reist nach Paris, Versailles und Pierrefonds
August: Ludwig II. begleitet Napoleon III. im Zug von Augsburg bis Rosenheim
18. September (bis 23. August 1871): Dr. Johann v. Lutz Justizminister
10. Oktober: Ludwig II. löst seine Verlobung auf
26. November: Ludwig II. an Hohenlohe: „Ich bin wegen der Unabhängigkeit meiner Krone und wegen der Selbständigkeit des Landes sehr besorgt."

1868, 30. Januar: Gewerbeordnung, Wehrverfassungsgesetz
25. April: Gesetz über Heimat, Aufenthalt u. Verehelichung
21. Juni: Uraufführung der Meistersinger im Hoftheater in München – Erste Pläne für Neuschwanstein

1869, 9. April: Rundschreiben Hohenlohes in der Frage der Unfehlbarkeit des Papstes – Der Entwurf des Ministeriums für das Schulgesetz erstrebt ausschließlich staatliche Schulaufsicht
29. April: Zivilprozeßordnung, Gesetze über Staatsbahnen und über öffentliche Armen- und Krankenpflege

Mai: In den Wahlen siegen die stark kirchlich und bayerisch eingestellten „Bayerischen Patrioten" – Ludwig II. hält Hohenlohe im Amt
5. September: Grundsteinlegung zu Schloß Neuschwanstein
22. September: Uraufführung von „Rheingold" im Hoftheater in München – Erste Pläne und Baubeginn von Linderhof
6. Oktober: Ludwig II. löst die Kammer auf und behält Hohenlohe im Amt
18. Dezember: Königinmutter Marie ruft zur Gründung des Bayerischen Frauenvereins (Bayer. Rotes Kreuz) auf, Ludwig II. unterstützt die Gründung
21. Dezember (bis 1. Juni 1890): Lutz Kultusminister
1870, 17. Januar: Ludwig II. ermahnt in der Thronrede die Parteien zur Versöhnung und hält Hohenlohe weiter im Amt
8. März: Ludwig II. ernennt statt Hohenlohe den Grafen Otto von Bray-Steinburg zum Minister
26. Juni: Uraufführung der „Walküre" im Hoftheater in München
14. Juli: Kriegsminister Frh. v. Pranckh erklärt ohne Rückfrage beim König, daß Bayern Preußen bei einem französischen Angriff unterstützen werde
15. Juli: Ministerrat erbittet vom König den Mobilmachungsbefehl
16. Juli: Ludwig II. befiehlt Mobilmachung, gleichzeitig läuft der letzte Friedensvermittlungsversuch Bray-Steinburgs
2. September: Napoleon III. bei Sedan unter Mitwirkung des I. bayer. Armeekorps (Frh. Ludwig v. d. Tann) vernichtend geschlagen
13. September: Ludwig II. gibt Bismarck seine Bereitschaft zu einem Verfassungsbündnis bekannt
20. September: Ludwig II. erhält die von ihm dem Ministerrat aufgetragene deutsche Verfassungsskizze vorgelegt, billigt sie, wünscht aber kein Recht des Bundesoberhaupts, die bayerische Armee zu inspizieren
20. Oktober: Die bevollmächtigten Minister Bray, Lutz und Pranckh reisen nach Versailles
23. November: Sie schließen in Versailles die Verträge ab
30. November: Ludwig II. regt bei König Wilhelm I. v. Preußen Wiederherstellung der deutschen Kaiserwürde und eines Deutschen Reiches an
1871, 18. Januar: Kaiserproklamation in Versailles
16. April: Verfassung des Reiches rechtskräftig verkündet
15. Mai: Reichsstrafgesetzbuch
23. August bis 17. April 1887: Dr. Joh. Nep. v. Fäustle Justizminister, Reorganisation des Gerichtswesens seit 1871
31. August bis 2. Juni 1872: Graf Friedrich v. Hegnenberg-Dux Nachfolger Brays
1872, 6. Mai: Erste „Separatvorstellung" vor dem König

22. Mai: Grundsteinlegung des Festspielhauses in Bayreuth
6. September: Reichsgesetz gegen die Jesuiten in Bayern verkündet
Herbst: Ludwig II. versucht vergeblich eine stärker bayerisch-kirchliche Regierung zu bilden

1873: Ludwig II. erwirbt die Herreninsel im Chiemsee
29. August: Schulsprengelverordnung des Ministers Lutz, zurückgenommen 26. August 1883
20. November: Die Entschließung Maximilians II. vom 8. 4. 1852 zugunsten der kath. Kirche wird zurückgenommen

1874, 20. August: Ludwig II. reist nach Paris – 12. Oktober: Die Königinmutter Marie tritt zur kath. Kirche über

1875, 6. Februar: Reichsgesetz über die Zivilehe
Frühjahr: Ludwig II. versucht vergeblich eine stärker bayerisch-kirchliche Regierung zu bilden
27. Mai: Prinz Otto, der seit 10. Mai 1871 ärztlich überwacht wird, gibt in der Frauenkirche zu München Beweise seines krankhaft-verwirrten Zustandes

1876, 6. bis 8. und 27. bis 31. August: Ludwig II. sieht in Bayreuth Richard Wagner wieder. Das Festspielhaus wird mit dem „Ring der Nibelungen" eingeweiht

1877: Seit Ausscheiden des Kabinettssekretärs Lorenz v. Düfflipp gerät die Kabinettskasse immer mehr in Unordnung

1878, 21. Mai: Grundsteinlegung des Neuen Schlosses Herrenchiemsee

1880, 4. März: Adolph v. Pfretzschner, seit 1. Okt. 1872 Minister des K. Hauses und des Äußeren, wird durch Krafft Frh. v. Crailsheim ersetzt, Lutz wird Vorsitzender im Ministerrat

1885: Prinz Luitpold und das Ministerium Lutz/Crailsheim treten mit Ludwig II. in die Auseinandersetzung über die zerrüttete Kabinettskasse ein

1886, 26. Januar: Ludwig II. droht Innenminister Frh. Max v. Feilitzsch, sich zu töten oder das Land zu verlassen, wenn es zu einem „Vergreifen am königlichen Eigentum" käme
8. Juni: Das Gutachten der Ärzte erklärt Ludwig II. für „seelengestört" und verrückt, „unheilbar" und auf Lebenszeit an der Ausübung der Regierung verhindert
9. Juni: Entmündigung Ludwigs II.
10. Juni: Prinz Luitpold übernimmt die Regentschaft – Ludwig II. läßt die Staatskommission, die ihn abholen will, in Neuschwanstein verhaften
12. Juni: Eine zweite Kommission bringt Ludwig II. von Neuschwanstein nach Berg, wo er unter Kontrolle Dr. v. Guddens steht
13. Juni: Ludwig II. findet mit Dr. v. Gudden im Starnberger See den Tod

1 *Ludwig II. in bayerischer Generalsuniform. Bildnis von W. Tauber 1864*

2 *Prinz Ludwig im ersten Lebensjahr. Bildnis von A. Grotefend 1846*

3 *Prinz Ludwig mit Bilderbuch. Aquarell von E. Rietschel 1847*

4 *Prinz Ludwig mit Trommel und Baukasten. Aquarell von E. Rietschel 1850*

5 *Schloß Hohenschwangau, Kinderzeichnung Ludwigs II. 1858*

6 *Königin Marie mit ihren Söhnen, den Prinzen Ludwig und Otto beim Füttern der Schwäne. Aquarell von E. Rietschel 1850*

7 *König Maximilian II. mit Königin Marie und seinen Söhnen Ludwig und Otto in Hohenschwangau. Lithographie von E. Correns um 1850*

8 *Königin Marie mit den Prinzen Ludwig und Otto, Hohenschwangau 1858*

9 *Kronprinz Ludwig und Prinz Otto auf einer Wanderung im Gebirge 1857*

10 Die königliche Familie beim Spaziergang in Hohenschwangau 1859

11 Königin Marie, König Ludwig II. u. Prinz Otto, Landhaus Elbigenalb 1864

12 *Ludwig II. landet mit seinem Schiff „Tristan" in Schloß Berg*

Aquarell von E. Correns 1867

13 Kronprinz Ludwig 1861

15 Kronprinz Ludwig 1863

14 Kronprinz Ludwig 1863

16 Ludwig II. in Generalsuniform mit Krönungsmantel. Bildnis von F. Piloty 1865 ▷

17 *Ludwig II. 1864*

18 *Richard Wagner 1864*

19 *Ludwig und Malvine Schnorr v. Carolsfeld als Tristan und Isolde der Münchner Uraufführung von 1865*

20 *Modell des für die Musikdramen R. Wagners projektierten Festspielhauses in München nach Plänen G. Sempers 1865/66*

21 *Schlußbild der Münchner Erstaufführung des „Fliegenden Holländers" am 4. Dezember 1864. Aquarell von M. Echter*

22 *Schlußbild der Münchner Uraufführung von „Tristan und Isolde" am 10. Juni 1865. Bleistiftzeichnung von M. Echter*

23 *Schlußbild der Münchner Uraufführung der „Meistersinger von Nürnberg" am 21. Juni 1868. Aquarell von M. Echter*

28 General Ludwig Frh. von der Tann, bayerischer Generalstabschef 1866

29 Ludwig Freiherr von der Pfordten, bayerischer Außenminister 1864/66

30 Prinz Ludwig von Bayern, der spätere König Ludwig III., wird 1866 bei Helmstadt verwundet

31 Königin-Mutter Marie besucht 1866 verwundete Soldaten

32 *Ludwig II. zu Pferd. Gemälde von Th. Dietz 1866*

33 *Kaiserin Elisabeth von Österreich zu Pferd in Possenhofen 1853. Stich von A. Fleischmann nach Piloty und Adam*

34 Herzogin Sophie Charlotte in Bayern 1867

35 Ludwig II. und seine Verlobte Herzogin Sophie Charlotte in Bayern 1867

36 *Die Venusgrotte von Linderhof in roter Beleuchtung*

Aquarell von H. Breling 1880

37 *Ludwig II. im Ornat des Georgi-Ritterordens 1866*

38 *Kapitelsitzung des Georgi-Ritterordens mit Ludwig II. im Inneren Audienzzimmer der „Reichen Zimmer" der Münchner Residenz. Aquarell von Eibner und Schwörer 1869 (unten)*

39 *Ludwig II. erteilt beim Georgi-Ritterfest in der Münchner Residenz den Ritterschlag. Aquarell v. F. Eibner 1869 (rechts oben)*

40 *Bankett des Georgi-Ritterordens mit Ludwig II. im St.-Georgssaal der Münchner Residenz. Aquarell v. Eibner und Frank 1869 (Abbildung rechts unten)*

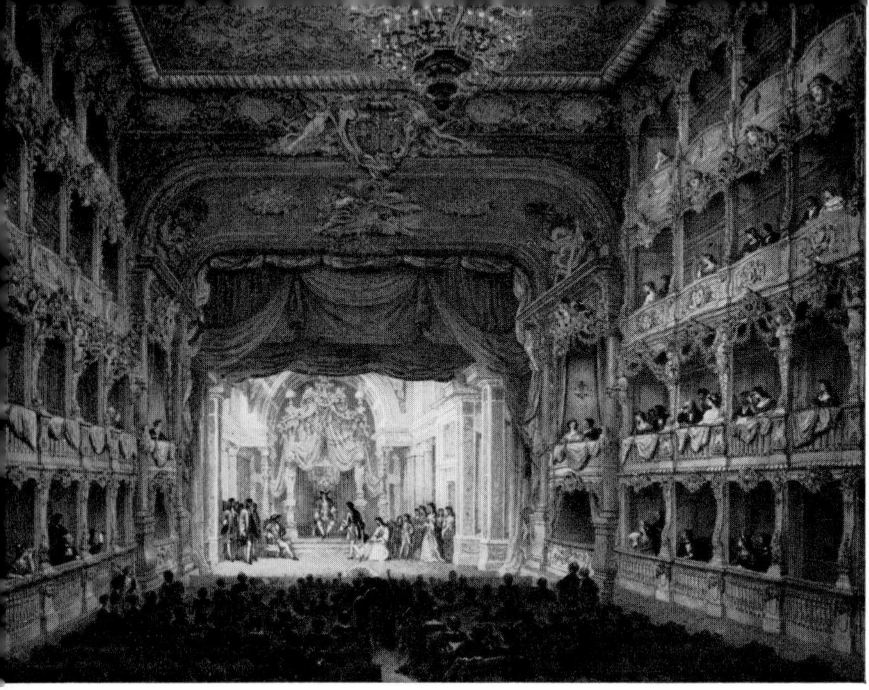

41 Eine Theatervorstellung vor Ludwig II. im Alten Residenztheater. Aquarell von G. Seeberger 1867

42 Der Wintergarten Ludwigs II. auf dem Dach des Festsaalbaus der Münchner Residenz

43 Festbankett mit Ludwig II. im Ballsaal der Münchner Residenz 1873. Aquarell v. Eibner u. Wiedemann

44 Das Schlafzimmer der Wohnung Ludwigs II. in der Münchner Residenz. Gemälde von R. Zimmermann 1870

45 *Ludwig II. 1871*

46 *Graf Otto v. Bray-Steinburg, Außenminister 1870/71*

47 *Nationale Huldigung vor der Münchner Residenz am 17. Juli 1870*

48 *Die Feldherrnhalle im Festschmuck anläßlich des Siegeseinzugs in München am 16. Juli 1871*

49 Kronprinz Friedrich Wilhelm von Preußen in Generalsuniform

50 Prinz Otto von Bayern, der Bruder Ludwigs II., in Generalsuniform

51 Der Siegeseinzug der bayerischen Truppen in München am 16. Juni 1871 unter Führung von Kronprinz Friedrich Wilhelm von Preußen. Aquarell von A. Bach

52 Ludwig II. zu Pferd an der Spitze seines Generalstabes. Gemälde von L. Behringer 1879

53 *Linderhof, Blick vom oberen Gartenpavillon über die Kaskade auf das Schloß und den südlichen Terrassengarten. Aquarell v. H. Breling 1879/80*

54 *Baustelle in Linderhof 1874/75, Anlage des Hauptparterres und des südlichen Terrassengartens*

55 *Kahnfahrt Ludwigs II. in der Venusgrotte von Linderhof nach einer Zeichnung von R. Aßmus 1886*

56 *Ludwig II. 1875*

57 *Schlittenfahrt Ludwigs II. im Gebirge. Aquarell von H. Breling um 1880*

58 *Die Hundinghütte bei Linderhof. Aquarell von H. Breling 1882*

59 *Schloß Linderhof im Winter mit sechsspännigem Galaschlitten Ludwigs II. Aquarell von H. Breling 1880/81*

60 *Schloß Neuschwanstein. Entwurf von Ch. Jank 1869*

61 *Herrenchiemsee. Westfassade, Entwurf von G. Dollmann 1875*

62 *Die unvollendete westliche Gartenanlage von Herrenchiemsee. Aquarell um 1880*

63 *Ludwig II. im Ornat des Georgi-Ritterordens. Gemälde von G. Schachinger 1887*

64 Nächtliche Schlittenfahrt von Neuschwanstein nach Linderhof

Gemälde von R. Wenig um 1880

65 *Ausritt Ludwigs II. am Starnberger See 1878*

66 *Ausfahrt Ludwigs II. ins Graswangtal. Aquarell von O. von Ruppert 1881*

67 *Ludwig II. und der Schauspieler Josef Kainz während der Schweizer Reise im Juni 1881*

68 *Graf Dürkheim, Flügeladjutant Ludwigs II. 1886*

69 *Ludwig II. 1886*

70 *Schloß Berg am Starnberger See. Aquarell von M. Kuhn 1875*

71 *Ludwig II., eine der letzten Photographien des Königs*

72 *Das Aufbahrungszimmer in Schloß Berg 1886*

◁ 73 *Ludwig II. auf dem Paradebett am 16./17. Juni 1886*

▽ 74 *Das Leichenbegängnis Ludwigs II. am 19. Juni 1886, der Zug am Gebäude der ehem. Pagerie*

76 *Standbild des Königs im Kostüm des Georgi-Ritterordens von E. Ney 1870* ▷

75 *Das Leichenbegängnis Ludwigs II. am 19. Juni 1886, die Ankunft des Leichenwagens an der St. Michaelskirche*

KÖNIG LUDWIG II.

In der langen Reihe der Wittelsbacher[1], die 1180 die Regierung Bayerns, 1214 die der Pfalz übernahmen, begegnen uns Persönlichkeiten, die einander mitunter sehr ähnlich sind, aber auch Gestalten einmaliger Prägung. Unter den Särgen in der Gruft in der St. Michaelskirche in München erinnern den Besucher drei an besonders profilierte Herrscher: Herzog Wilhelm V. war der frömmste unter ihnen, sein Sohn Kurfürst Maximilian I. war der politisch bedeutendste, König Ludwig II.[2] aber der bis heute volkstümlichste.

Dem schönen, geheimnisvollen König, der im März 1864 mit noch nicht 19 Jahren den Thron bestieg, sah man nicht an, daß sich in ihm durch unglückliche genealogische Verkettung, die wir heute nach dem erbbiologischen Grad der Verwandtschaft überblicken[3], schizophrene Erbanlagen aus mehreren Herrscherfamilien in rezessivem Erbgang verhängnisvoll häuften. Nachweislich reichen diese Anlagen seiner väterlichen und mütterlichen Vorfahren auf den 1592 verstorbenen Herzog Wilhelm von Braunschweig-Wolfenbüttel zurück, hatten sich aber weder in seinem Ururgroßvater, dem erfolgreichen Reichsfeldmarschall Prinz Friedrich Michael von Zweibrücken, noch in dessen Nachkommen negativ ausgewirkt. Weder der politische Spürsinn des ersten Bayernkönigs Max I., noch die genial energische Regierung Ludwigs I., noch die unermüdliche, religiös gewissenhafte Umsicht und wissenschaftliche Orientierung Max II., des Vaters Ludwigs II., ließen schizophrene Eigenschaften erkennen. Ludwigs Mutter, Prinzessin Marie von Preußen, deren Porträt ihr Schwiegervater für seine Schönheitsgalerie malen ließ, war eine bis zur Selbstlosigkeit gütige, einfache Frau. So glücklich die Ehegatten Max und Marie miteinander lebten, so verhängnisvoll wurde ihre Verbindung für ihre beiden Kinder, denn auch bei dem jüngeren Sohn Otto schlugen krankhafte Anlagen durch, doch schon 1875 und in anderem und stärkerem Ausmaß. Ludwigs gelegentliche spätere Äußerungen über seinen toten Vater und seine verwitwete Mutter sind von so dunkler Abneigung erfüllt, daß man annehmen könnte, der naturwissenschaftlich nicht uninteressierte König habe die unheilvollen erbbiologischen Zusammenhänge aus der Verbindung seiner Eltern geahnt.

Die Anfänge 1864/65

Erste politische Entscheidungen

Max II. war in einer geradezu verzweifelten Auseinandersetzung mit Erzherzog Albrecht, dem Beauftragten Kaiser Franz Josephs, um die Eigenstaatlichkeit der Elbherzogtümer Schleswig-Holstein[4] gestorben, die von den Siegermächten Österreich und Preußen als politisches Objekt behandelt wurden. Der Sterbende hatte bis zuletzt seine Entscheidung aufrechterhalten, so daß es den beiden deutschen Großmächten auf dem deutschen Bundestag in Frankfurt nicht gelang, den Antrag Bayerns in der Sache der Elbherzogtümer in einen Ausschuß zu verweisen. Man sprach vom „heiligen Vermächtnis des Toten". Bayern wehrte sich damals zugleich mit Württemberg und Hessen gegen einen Zusammenbruch des Deutschen Zollvereins, von dem freilich der bayerische Außenminister von Schrenck nicht mehr viel hielt. Österreich selbst hatte durch seinen unsicheren Kurs die mitteleuropäische Wirtschaftsfront unermeßlich geschädigt und der preußischen Politik unfreiwillig in die Hände gearbeitet. Zwischen dem jungen König und seinem Außenminister entstand in der Zollvereinsfrage eine Meinungsverschiedenheit. Als Schrenck um seine Entlassung nachsuchte, erhielt er sie um so leichter, als er sich auch weigerte, den Kabinettssekretär von Pfistermeister Staatsrat werden zu lassen. Ludwig II. berief am 4. Dezember 1864 den Freiherrn von der Pfordten[5] zum Außenminister, obwohl ihn Max II. 1859 der zweiten Kammer geopfert hatte. Der junge König handelte bei der Berufung nicht aus besonderer Sympathie, sondern aus klarer Einschätzung der politischen Bewährung des Ministers seines Vaters, der jahrelang eine Politik des Ausgleichs zwischen Österreich, der Präsidialmacht des Deutschen Bundes, und Preußen getrieben und dabei die Rolle Bayerns in Deutschland gestärkt hatte. Während sich nach dem Sieg Preußens über Österreich 1866[6] der Deutsche Bund auflöste und Bayern gezwungen wurde, ein Schutz- und Trutzbündnis mit Preußen zu schließen, also seine außenpolitischen Entscheidungen unter einem mehr oder minder unentrinnbaren Zwang standen, konnte es bis dahin noch verhältnismäßig freie Entscheidungen treffen. Sein junger König interessierte sich damals vor allem für die Berichte seiner Gesandten, also für Bayerns außenpolitische Möglichkeiten. Pfordten selbst hatte Bedenken, das Außenministerium wieder zu übernehmen, da er die Mehrheit in der

Linderhof, das Lieblingsschloß Ludwigs II., Illustration von Heinrich Breling

Kammer der Abgeordneten, aber auch in der Kammer der Reichsräte fürchtete, wo ihn der hohe Adel als Eindringling ansah. Die freilich nicht zahlreichen Demokraten in Bayern und die in den Anfängen begriffene bayerische Fortschrittspartei erhoben Einspruch gegen Pfordtens Berufung, die konservative Presse und auch der „Bayerische Volksbote" aber traten für ihn ein. Auch die österreichische Regierung sprach sich für ihn aus. – Pfordten, der schon zu Beginn des Jahres 1864 von Beauftragten des verstorbenen Königs um erneute Übernahme des Ministeriums gebeten worden war, nahm den Auftrag des jungen Königs an.

Ludwig II. fällte 1864 klar, selbständig und schnell eine Reihe von weittragenden Entscheidungen. Schon bei Schrencks endgültigem Ausscheiden hatte er das Ministerium des Handels und der öffentlichen Arbeiten nicht mehr in der seit 1849 bestehenden Verbindung mit dem Ministerium des königlichen Hauses und des Äußern belassen, sondern besetzte es am 1. Januar 1865 mit dem später als Finanzminister so bewährten Herrn von Pfretzschner, ab 1. August 1866 – also in einer außerordentlich schwierigen Zeit – mit dem großdeutsch gesinnten, sozial, wirtschaftlich und technisch fortschrittlich denkenden Oberpfälzer Gustav von Schlör[7]. Schon am 29. Juli 1864 entließ er den vorsichtigen, mit den katholischen Bischöfen im persönlichen Briefwechsel stehenden Kultusminister von Zwehl und setzte an seine Stelle den langjährigen Ministerialrat und bisherigen Regierungspräsidenten von Oberfranken Nikolaus von Koch, der kirchlichen Ansprüchen kühler gegenüberstand. Zu etwa demselben Zeitpunkt des 1. August berief er den Abgeordneten und früheren Oberstaatsanwalt Eduard von Bomhard, der auch an einer deutschen Zivilprozeßordnung mitarbeitete, zum Justizminister. Er mußte bei seinem Amtsantritt das Fortbestehen der Kanzlei des Königs als nicht im Widerspruch mit dem kontinentalen Konstitutionalismus anerkennen.

Pläne und Taten des Königs für die Kunst und deren gesellschaftliches Ziel

Das war der König, der im Mai 1864 seinen Kabinettssekretär ausgesandt hatte, den Komponisten Richard Wagner[8] zu retten. Seit er als Kronprinz mit Vater und Großvater eine Aufführung des Lohengrin in München erlebt hatte, wollte er Wagners Musikdrama fördern: „Von dem Ernste der Kunst muß Alles erfüllt werden." Er wollte vor allem das Münchener Publikum seiner Vorliebe für frivole Tendenzstücke entwöhnen und durch Shakespeare, Calderon, Mozart, Gluck,

Weber „in eine gehobene, gesammelte Stimmung" versetzen, die auf das Erlebnis des Wagnerschen Musikdramas vorbereiten sollte. Dank der großzügigen finanziellen Förderung und begeisterten freundschaftlichen Teilnahme des Königs gestaltete Wagner die Uraufführung von „Tristan und Isolde" am 10. Juni 1865 zu einem Höhepunkt der Einheit von Musik und Dichtung. Der König wollte zugleich München durch Gottfried Semper, den bedeutendsten Architekten der Zeit, der bereits durch das Hoftheater in Dresden ausgewiesen war und der Neugestalter Wiens wurde, zu einer großartigen, modernen Hauptstadt machen. Von West nach Ost sollten zwei große Straßen führen, die eine vom Hauptbahnhof zum Hof- und Nationaltheater, die andere von der Nordostecke der Residenz über die Isar zu einem Wagner-Festspielhaus. Ministerium, Stadt und Bevölkerung taten sich mit Erfolg zusammen, um den Plan des Königs zu durchkreuzen. Diese Verständnislosigkeit erbitterte den König um so mehr, als zugleich in München berechtigte Kritik, aber auch Hetze gegen Richard Wagner, den „Ausbeuter" der königlichen Kabinettskasse, den „Revolutionär" aus Dresden, überhand zu nehmen begannen. Wenn der jugendliche Monarch dem Künstler auch überschwengliche Freundschaftsbriefe schrieb, so ging es ihm doch in erster Linie um das Zustandekommen seines Werkes[9]. Am 27. August 1865 vollendet Wagner den Entwurf zu Parsifal. Für den König ist dieses Stück „heilig", ist „reinste, erhabenste Religion". Ludwig sieht den Tempel des Heiligen Gral in der Ettaler Klosterkirche, die er so gerne besucht.

Am 11. November 1865 traf Wagner in Hohenschwangau zu Besuch beim König ein. Am darauffolgenden Sonntagmorgen brachten auf Veranlassung Wagners zehn Hoboisten eines Infanterieregiments auf verschiedenen Türmen des Schlosses dem König einen Gruß aus Lohengrin dar. Jeden Abend spielten unter Leitung des Gastes zwanzig Regimentsmusiker dessen Werke, aber auch solche von Gluck, Weber und Beethoven. Wagner spielte dem König auch im Schloß vor. Wagners Gegner aber wirkten weiter. Der Klerus verurteilte ihn als einen Heiden. Der königliche Großvater Ludwig I., der zu seinem Enkel in einem eigentlich guten Verhältnis stand, die Königinmutter und Minister von der Pfordten machten sich Sorgen, daß der König über Wagner die Regierungsgeschäfte vernachlässigen würde. Als die Opposition gegen Wagner so stark angewachsen war, daß die Polizei für dessen Sicherheit „nicht mehr einstehen zu können glaubte", sah sich der König gezwungen, ihm den Wunsch auszusprechen, auf einige Monate München zu verlassen. Am 10. Dezember 1865 schied Wagner von München[10]. Die Person und die Arbeit Wagners hatten die Kabinettskasse des Königs in etwa einem Jahr 190 000 Gulden gekostet.

Das Jahr 1866

Der König war über die erzwungene Abreise Wagners erbittert und grollte den Mahnern in seiner Umgebung. Gleichwohl brauchte er vor allem von der Pfordten. Nach der Konvention, die Österreich und Preußen am 20. August 1865 in Gastein geschlossen hatten und in der sich Bismarck trotz der Verwaltungsteilung der Elbherzogtümer das Ziel der Annexion durch Preußen sicherte, forderte König Ludwig II. den Außenminister zu einem Gutachten auf. Er bekam darin zu lesen, daß Bayern nicht auf Österreich rechnen könne und es seine Aufgabe sei, eine Verständigung mit Preußen zu versuchen. Weder von der Pfordten noch der Kriegsminister noch der Generaladjutant des Königs glaubten an einen österreichischen Sieg über Preußen. Der König war so bestürzt, daß Pfordten jetzt erst wirklich rege Teilnahme des Monarchen an den Staatsgeschäften feststellt. Die Möglichkeit eines Krieges zwischen Preußen und Österreich, „diesen beiden Pfeilern Deutschlands", erfüllte ihn mit Entsetzen. Sein enges Verhältnis zu einer der beiden regierenden Familien beendet zu sehen, schien ihm undenkbar. So drang er in den Minister, die Differenzen zu beseitigen. Auch später noch hob der König Pfordten gegenüber hervor, er wolle Frieden haben, doch dieser mußte antworten, es komme nicht mehr auf das Wollen an. Österreich begann am 28. Februar geheime Mobilisierungsvorbereitungen, da seine schwerfällige und kostspielige Kriegsmaschine nur langsam anlief. Preußen begann am 29. März eine Teilmobilisierung. Als Österreich selbst Bayerns Vermittlung bei Preußen am 6. April zunichte machte, besprach sich Ludwig II. am 11. 4. mit Fürst Chlodwig von Hohenlohe-Schillingsfürst, einem Anhänger der kleindeutschen Lösung der deutschen Frage. Der König äußerte sich besorgt wegen des von Preußen gewünschten deutschen Parlaments, da er für die Eigenstaatlichkeit Bayerns fürchtete. Sein Außenminister hatte am 9

April den preußischen Vorschlag abgelehnt. Als Hohenlohe dem König versicherte, Preußen erstrebe jetzt nur die Suprematie in Norddeutschland, unterbrach er ihn: „Jetzt, aber später werden sie auch noch mehr verlangen." Gleichwohl hat es Bedeutung, daß der König bereits mit dem Mann sprach, der ein Zusammengehen mit Preußen befürwortete und Neutralität statt Krieg empfahl. Nach dem verlorenen Krieg kam Ludwig II. auf ihn zurück. Es ist nicht verwunderlich, daß der König jetzt nicht stärker hervortrat. Anfangs wollte er lieber abdanken, als am 10. Mai den vom Ministerrat bereits einen Tag vorher vorgeschlagenen Mobilmachungsbefehl unterzeichnen; sein Außenminister bemühte sich auf der Konferenz der Mittelstaaten in Bamberg noch am 14. Mai erneut um den Frieden. Bayerns Stellung zwischen Österreich und Preußen war verzweifelt. In Zusammenhang auch mit der unerwünschten Feierlichkeit der Landtagseröffnung sagte der König zu seinem juristischen Berater Lutz, daß er zugunsten Ottos abdanken wolle, da er geistig nicht ganz gesund sei. Das konnte zwar vor allem ein Vorwand sein, um der Aufgabe zu entrinnen, für einen im vornherein verlorenen Krieg einzutreten, verdient aber doch festgehalten zu werden.

Da die bayerische Armee infolge der Haltung der Zweiten Kammer nicht so wie die preußische gerüstet war, kam ihr nur Bedeutung im Rahmen der Landesverteidigung zu. Der bayerische Generalstabschef schloß deshalb am 8. Juni mit Österreich die Olmützer Punktation, wonach Bayern nur Hilfe leisten sollte, wenn Österreich angegriffen würde. Gegenüber der deutschen Verfassungsskizze Bismarcks vom 10. Juni hielt von der Pfordten aber an der Verbindung mit Österreich fest. Er versucht am 16. Juni vergebens, den Deutschen Bund für eine Aufforderung an die beiden deutschen Großmächte zu gewinnen, Holstein zu räumen. Bereits am 14. Juni hatte Preußen die Bundesmehrheit des Bundesbruches durch Herbeiführung der Kriegserklärung gegen ein Bundesmitglied bezichtigt. Am 16. Juni faßte der Deutsche Bund als Angegriffener, nicht als Angreifer den Entschluß zum Krieg. Darauf rief am 2. Juli König Ludwig II. das bayerische Volk auf für die „Erhaltung des gesamten Deutschlands als eines freien und mächtigen Ganzen und für die Erhaltung Bayerns als eines selbständigen würdigen Gliedes des großen deutschen Vaterlandes". Der Aufruf trug der in den weitesten Kreisen und auch in der königlichen Familie verbreiteten Bereitschaft Rechnung, Österreich in seinem Kampf gegen Preußen nicht im Stich zu lassen. Ludwigs Großonkel, Prinz Karl, hatte den Oberbefehl. Der König, der erst nach seinem Geburtstagsbesuch bei Wagner in der Schweiz den Landtag eröffnet hatte, war nicht zur Truppenverladung, wohl aber zur Verabschiedung der Generale in München erschienen und besuchte am 25. Juni Hauptquartier und Truppen in Bamberg. Abgewandt von den Tagesereignissen hielt er sich dazwischen in Schloß Berg und auf der Roseninsel auf. Als der Krieg verloren war, schloß am 28. Juli auch Bayern mit Preußen einen Waffenstillstand, der am 2. August in Kraft treten sollte. Seine Lage war außerordentlich schlecht: Friedenspräliminarien waren nicht festgelegt worden, preußische Truppen kämpften in Bayern weiter und besetzten Würzburg und Nürnberg. König Ludwig schickt jetzt den bayerischen Diplomaten Baron Perglas mit einem Handschreiben an Kaiser Napoleon III. nach Paris. Doch wird dieser dort erst am 15. August empfangen. Napoleon antwortete am 27. August dem besiegten König, daß er alles getan habe, um Preußens Forderungen zu mäßigen, wiewohl dies wegen der Empfindlichkeiten des deutschen Nationalgefühls schwer gewesen sei. Von Seiten des gesamtdeutsch empfindenden Königs war die Bitte um französische Hilfe kein Schritt zu irgendwelchem Separatismus, sondern Notwehr. Inzwischen verhandelte von der Pfordten mit Bismarck. Als er am 19. August in München telegraphisch anfragte, ob er und sein Mitarbeiter mit Preußen eine Allianz auf der Grundlage der Bürgschaft des Besitzstandes abschließen dürften, selbst wenn sie Land abtreten müßten, ließ Ludwig II. die Frage im Ministerrat behandeln. Minister Bomhard berichtete dem König in Schloß Berg, daß die Minister die Frage bejahten. Darauf brachte der König erneut den Gedanken zur Sprache, Frankreichs Intervention anzurufen. Der Minister aber drohte darauf mit seinem und seiner Kollegen Rücktritt. Zugleich befürchtete er den Verlust der Pfalz als Preis für solche Hilfe. Der König ermächtigte nun am 20. August Pfordten und Bray-Steinburg telegraphisch, mit Preußen unter der Bedingung der Garantie des Besitzstandes und der Souveränität abzuschließen. Selbst wenn sie ein Territorium abtreten müßten, so wollte er lieber die Souveränität erhalten, als Gebietsverluste vermeiden. Die bayerischen Bevollmächtigten unterzeichneten aber unmittelbar vor Ablauf des Waffenstillstands am 22. August um Mitternacht einen Vertrag, der Bayerns Souveränität nicht ausdrücklich garantierte.

Der Ausgang des Krieges, der Bayern eine Kriegskontribution von 30 Millionen Gulden auferlegte, brachte neben einer kleinen Gebietsabtretung und der peinlichen Forderung, Johann Wilhelms Düsseldorfer Gemäldesammlung herauszugeben, das Zwangsbündnis mit Preußen. Während die Geldforderung viel böses Blut machte, die Erfüllung der Forderung, die als Hausbesitz inzwischen in die Gesamtsammlung eingegliederten Bilder herauszugeben, aber hinausgeschoben werden konnte, litt der besiegte junge König unter dem Verlust an Souveränität durch das zwangsläufige Schutz- und Trutzbündnis mit dem Sieger, durch den Mangel an Handlungsfreiheit, der sich aus der ganzen neuen Lage ergab. Für einen Augenblick dachte er an Abdankung zugunsten Ottos. Im Herbst 1866 suchte er seine theoretisch souverän gebliebene Stellung als König von Bayern dadurch religiös und psychologisch zu verankern, daß im Kanon der Messe täglich für den König im ganzen Lande ebenso gebetet würde, wie das in Österreich für den Kaiser aus den Traditionen noch des alten Reiches, aber auch in Frankreich seit 1857 für Kaiser Napoleon III. geschah. Der geschlagene junge Bayernkönig erstrebt also eine liturgische Gleichstellung mit den Kaisern in Paris und Wien. Kein geringerer als der große Kirchenhistoriker und Theologe Ignaz von Döllinger unterstützt ihn dabei[11]. Die Kurie aber geht nicht auf Ludwigs Wünsche ein. Schon als Ludwig im schicksalsschweren Monat Juli 1866 einen neuen Band seiner Tagebuchaufzeichnungen[12] begann, dachte er wohl auch an die Manifestation seiner königlichen Stellung durch eine religiöse und zugleich weithin sichtbare Symbolik. Auf dem Einband findet sich die Darstellung einer an das spätere Schloß Neuschwanstein gemahnenden Ritterburg, auf der Innenseite aber sind eine Krone, darunter Zepter und Reichsapfel abgebildet, jeweils von Kreuzen gekrönt und mit einer Schale als Abschluß geschmückt. Diese trägt die in kirchenslawischer Sprache und Schrift eingeprägten Worte: „Mittels dieser Schale Herrgott ...". Das deutet auf die Gralsburg, auf das Abendmahl hin, das das Ziel der Beichtvorbereitung war, der sich der Wittelsbacher gleich anderen katholischen Fürsten durch Gewissenserforschung auch mit Hilfe von Tagebuchaufzeichnungen unterwarf. Denn Ludwig II. nahm Beichte und Kommunion stets sehr ernst.

Leben und Wirken des Königs erfuhren 1866 einen außerordentlich tiefen Einschnitt. Das starke gottgewollte Königtum, dessen Aufgaben er sich hingeben wollte und dessen Weihe und Pflichten in ihm die eigene sittliche Persönlichkeit stärkten, sooft er sein Gewissen erforschte und Vorsätze faßte, mußte nach der äußeren Niederlage wenigstens gegen die inneren Gegner aufrechterhalten werden. Die Zeit von 1866 bis 1876 wurde das entscheidende Jahrzehnt der Entwicklung des unglücklichen Königs. Er wollte sein Ministerium immer wieder so zusammensetzen, daß es durch eine den Forderungen der Zeit gemäße Arbeit der politischen Wirklichkeit gerecht würde, andererseits aber die Krone und den Staat Bayern gegen demokratische, sozialistische und nationalistische Strömungen schützte. Er wußte sehr wohl, daß seine mit Hilfe seines Kabinetts getroffenen Entscheidungen angegriffen wurden; er wollte deshalb den energischen Juristen Johann Lutz im Kabinett behalten, den sein Vater noch in seinen letzten Wochen als „Hilfsarbeiter" im Kabinett bestellt hatte. Ludwig wollte ihn deshalb nicht 1867 anstelle des ohnehin für die monarchische Autorität stark eintretenden Justizministers von Bomhard treten lassen. – Einblick in kritische Fragen des Zeitalters überhaupt gewann der König durch den ihm noch aus der Prinzenzeit bekannten Philosophieprofessor Johannes Huber. Die Andeutungen in seiner Schrift „Der Proletarier" berührten sich mit Gedanken Lasalles. Huber ging auf die Probleme des Sozialismus ein, aber er setzte sich auch kritisch mit Darwin, Strauß und Haeckel auseinander. Kronprinz Rudolph von Österreich, der kundige Zoologe und besonders Ornithologe, der rücksichtslose Kritiker kirchlicher und politischer Tradition, ersparte Ludwig im freundschaftlichen Gedankenaustausch offenbar nichts. Die machtpolitische Lösung der deutschen Frage durch Bismarck zwang den Bayernkönig immer wieder zu neuen, häufig für ihn schmerzlichen Konsequenzen. So war das Jahrzehnt zwischen 1866 und 1876 für ihn erfüllt von Existenzfragen, die aus der Außenwelt auf ihn zukamen. In diesem Jahrzehnt begann er aber auch immer mehr den Kampf gegen das Schicksal, das ihm aus seinen schizophrenen Anlagen drohte. Das letzte Jahrzehnt seines Lebens sollte schließlich den Verfall des eigentlich sehr begabten und willensstarken, noch jungen Mannes einleiten.

Neue Möglichkeiten und Kräfte nach der Niederlage

Im Herbst 1866 stand der durch das Bündnis mit Preußen gebundene König vor der Frage, inwieweit Bayern mit Österreich und anderen süddeutschen Staaten noch zusammengehen könne. Die Politik von der Pfordtens schien durch den Kriegsausgang widerlegt. Der König faßte verschiedene Männer ins Auge, die unter den neuen Verhältnissen auch nach außen hin wirksame politische Arbeit leisten konnten. Auf Ludwig wirkten verschiedene Persönlichkeiten: der Großvater Ludwig I., der nach wie vor Pfordten schätzte und die Schwärmerei des Enkels für Wagner als Irrweg ansah. Der dem König nähertretende Oberststallmeister Graf Holnstein aber erinnerte an jenen mediatisierten Fürsten, der am 11. April 1866 dem König zur Neutralität anstatt zum Krieg geraten hatte. Erst einige Wochen nach der Entlassung Pfordtens, am 31. Dezember 1866, berief der König Hohenlohe[13]. Er erörterte mit ihm sofort die Möglichkeiten strafferer Staatsführung: Er erwog, ihn nicht zum Vorsitzenden im Ministerrat zu machen, der mit den Ministern nur gleichberechtigt sei, wie das seit 1849 eingerichtet worden war, sondern zum Ministerpräsidenten. Denn dann könnte Hohenlohe die anderen Minister, wie der König meinte, „besser in Ordnung halten". Eine stürmische Ministerratssitzung 1867 brachte dann doch den Wechsel im Ministerium der Justiz, wie sich ihn Hohenlohe gewünscht hatte: Lutz statt Bomhard. Der König verlor dadurch zugleich die stärkste Persönlichkeit im Kabinettssekretariat. Hohenlohe verfolgte zwar die Möglichkeit eines selbständigen Süddeutschlands, das mit Preußen in guter Beziehung stünde, deutete aber dem französischen Gesandten in München an, daß bei irgendeiner kriegerischen Verwicklung zwischen Preußen und Frankreich das bayerische Volk seinem König keine Wahl lassen werde, im Sinn des Schutz- und Trutzbündnisses mit Preußen zu handeln. So folgte Bayern 1867 auf Betreiben Württembergs der Einladung Bismarcks zur Neuerrichtung des Zollvereins. Als Napoleon III. im August zu Kaiser Franz Joseph nach Salzburg reiste, gab ihm Ludwig II. von Augsburg bis Rosenheim das Geleit, indem er im Zuge mitfuhr. Auf der Rückreise besprach sich Napoleon mit Hohenlohe. Der Südbund, wie ihn der nunmehrige österreichische Kanzler Beust und Napoleon III. wollten, kam nicht zustande. Mit dem König aber hatten patriotische Kreise im

Lande den Eindruck, daß die Unabhängigkeit der Krone und die Selbständigkeit des Landes in Gefahr gerieten. Die bayerischen Patrioten scheinen dem König einen Südbund nahegelegt zu haben. Der König forderte Hohenlohe zu einem Gutachten auf und dieser riet darauf am 23. November 1867 zur Bildung eines süddeutschen Staatenvereins. Er wollte ihn freilich als Mittel zum Zweck einer organischen Verbindung mit dem Norddeutschen Bund. Der Großvater riet bereits seit Monaten dem Enkel zur Wiederberufung von der Pfordtens. Aber Ludwig II. wich aus: Pfordten selbst habe gesagt, es sei noch zu früh.

Verlobung und Beziehungen zu Frauen

Als der König lange vor seiner Verlobung mit seinem auf die Grundsätze des Königtums so stark eingestellten Justizminister von Bomhard über die Frage der Dringlichkeit seiner Vermählung sprach, kam er zu dem Schluß: „Zum Heiraten habe ich überhaupt keine Zeit, dies kann der Otto besorgen", (dessen Krankheit damals noch nicht ausgebrochen war). Trotzdem verlobte sich Ludwig mit Herzogin Sophie in Bayern, der er aus seiner Knabenzeit nahe stand. Bei einer Verteilung der Rollen aus „Faust" hatte er ihr den Part des Gretchen übertragen. Es freute ihn später, daß sie ihm Wagner vorspielen konnte und mit ihm für den Meister schwärmte. Er erwies ihr ritterliche Aufmerksamkeiten, die von ihren Eltern als Brautwerbung gedeutet wurden. Während einer durch Sophiens Eltern verursachten Krise der Beziehung schrieb Ludwig ihr in einer düsteren Andeutung seines von ihm selbst bestimmten Lebensendes: „Du kennst das Wesen meines Geschickes; über meine Sendung schrieb ich Dir einst von Berg aus, Du weißt, daß ich nicht viele Jahre mehr zu leben habe, daß ich diese Erde verlasse, wenn das Entsetzliche eintritt, wenn mein Stern nicht mehr strahlt, wenn *Er* dahin ist, der treugeliebte Freund; ja dann ist auch meine Zeit aus, denn dann, dann darf ich nicht länger mehr leben." Obwohl Ludwig seine Verbundenheit mit Wagners Geschick in Worten in den Vordergrund rückte, darf in Analogie zu anderen, von Ludwig ausgedrückten Gedanken als Todestermin der Ausbruch der Krankheit angenommen werden. Seit wann Ludwig um sie wußte, ist nicht bekannt. Kurz nach diesem Briefe berichtigte er Vermutungen, als liebe er Sophie nicht wahrhaft. Im März 1867 bekundete er „Sehnsucht nach Vermählung"[14]. Vor dem Heiratstermin aber hatte er Scheu. Im Oktober 1867 löste er die Verlobung wieder auf. Er schrieb an Sophie, die er gerne als „Elsa von

Brabant" bezeichnete: „Geliebte Elsa! Dein grausamer Vater reißt uns auseinander. Ewig Dein Heinrich." Ludwig II. bezieht sich damit auf König Heinrich den Vogler in Wagners Lohengrin. Sophies Eltern luden in tieferem Sinn die Verantwortung an dem Bruch auf sich, da sie die Kindheitsbeziehung durch ihr Drängen sehr schnell zur Ehe umwandeln wollten. Die Vermählung hätte einen Urenkel des ersten Königs mit einer Enkelin desselben verbunden.

Ludwig II. stand nur wenigen Frauen nahe. Eine auf naher Blutsverwandtschaft und Wesensähnlichkeit beruhende Sympathie verknüpfte ihn mit Sophies älterer Schwester, Kaiserin Elisabeth von Österreich, die später den Ausbruch derselben Krankheit auch bei sich fürchtete. In ihren melancholischen Neigungen trafen der König und die Kaiserin zusammen. Da Ludwig Künstler und Kunstwerk fast stets als völlige Einheit erlebte, kam er auch in nähere Beziehungen zu der Maria-Stuart-Darstellerin Lila von Bulyowsky und der Hoftheatersängerin Josefine Scheffsky, deren Stimme Ludwig außerordentlich gefiel. Doch scheiterten diese Beziehungen am weiblichen Egoismus. Mit der Schauspielerin Marie Dahn-Hausmann verband den König jedoch eine seelisch echte und bis in religiöse Gewissensfragen reichende Freundschaft. Als sie ihm vom Ausbruch der Geisteskrankheit ihrer Tochter auf deren Hochzeitsreise berichtete, schrieb ihr der König am 10. April 1878: „Was ich nicht begreife, ist, daß gerade in den Tagen des Glücks und der Freude das entsetzliche Unglück über Ihr Kind hereingebrochen ist, da sonst eher Momente des Schmerzes und der Verzweiflung eine Umnachtung des Geistes zur Folge haben."

Politisch mitbegründet war die Freundschaft des Königs mit der Zarin Maria Alexandrowna, einer geborenen Prinzessin von Hessen-Darmstadt, die um einundzwanzig Jahre älter war als er. Ludwig traf das russische Zarenpaar, das er schon 1864 kennen gelernt hatte, 1868 in dem bayerischen Bad Kissingen auf Veranlassung seines Ministers Hohenlohe. Dieser bezeichnete dem König gegenüber die Freundschaft mit dem Zarenpaar angesichts der „bedenklichen Lage, in welcher sich die Mittelstaaten Deutschlands und insbesondere Bayern seit dem Krieg von 1866 befinden", als eine „nicht zu unterschätzende Garantie", da Bayern in der gegenwärtigen Lage keine Bündnisse mit fremden Mächten eingehen könne.

Ludwig ehrte nicht nur das Zarenpaar außerordentlich, son-

Symbole und Manifestationen des Königtums

dern verehrte 1866 bereits die geheimnisvolle orthodoxe Liturgie, wie aus dem Eingang zu seinem neuen Tagebuch vom Juli 1866 hervorgeht.

Der besiegte Monarch ging bald darauf an den Bau seiner Schlösser, die wie die großartigen Schlösser des 18. Jahrhunderts in erster Linie nicht das Werk des Architekten, sondern des fürstlichen Bauherrn waren. Der in seiner Souveränität seit 1866 gefährdete König wollte durch seine Bauwerke sein Königtum als Symbol zum Ausdruck bringen. Dasselbe versuchte er durch die besondere Art, sich auszudrücken. Seine große Freigebigkeit auch gegenüber einfachen oder armen Menschen, wie sie aus seinen Kabinettskassenbüchern hervorgeht, war aber Ausdruck ebenso seines Herzens als seines Majestätsbewußtseins.

Innere und äußere Politik 1869/70

Die große soziale Reformgesetzgebung des Ministeriums Hohenlohe führte zum Teil die schon von Max II.[15] begonnene zum Abschluß. Die Armeereform nach dem Vorbild und im Interesse des verbündeten Preußen erregte Ärger im Lande. Die Stellungnahme des neuen Kultusministers gegen die bevorstehende Verkündigung der Unfehlbarkeit des Papstes vermehrte das kirchliche Mißtrauen gegen das Ministerium Hohenlohe. So siegte die Partei der „Bayerischen Patrioten"[16] in den Maiwahlen 1869. Da sich die Parteien nicht einigen konnten, löste der König am 6. Oktober 1869 zur Freude der Liberalen die Kammer der Abgeordneten wieder auf. Die Neuwahlen ergaben achtzig Mandate für die Patrioten, dreiundsechzig für die Fortschrittler, elf für Parteilose, die als Liberale zu werten waren. Hohenlohe stellte sein Amt zur Verfügung, die Liberalen Münchens aber baten den König, das Ministerium nicht zu entlassen. Am 20. Dezember entschied sich Ludwig II., Hohenlohe vorläufig zu behalten und berief Lutz als Kultusminister. Die Patrioten waren mit dieser Regierungsumbildung nicht einverstanden. Gegenüber der Gefahr eines neuen Kampfes eröffnete der König am 17. Januar 1870 den Landtag mit einer Mahnung zur Versöhnung. Er sprach von Treue zum Allianzvertrag mit Preußen, aber auch davon, daß er nur in eine solche Gestaltung Deutschlands einwilligen werde, welche die Selbständigkeit Bayerns nicht gefährde. Die Adressen beider Kammern sprachen aber ihr Mißtrauen gegen das Ministerium deutlich aus. In der Adresse der Abgeordneten, die Dr. Jörg formulierte, heißt es: „Das bayerische Volk ist konstitutionell von Natur, aber es will keine Parteiregierung." Am 8. März 1870 ernannte darauf der König auf Empfehlung Hohenlohes an dessen Stelle den Grafen Bray-Steinburg zum Minister des Königlichen Hauses und des Äußern. Dieser regte mit Hilfe des englischen Gesandten in München eine Vermittlung der Großmächte in dem Konflikt zwischen Preußen und Frankreich in der Frage der spanischen Thronkandidatur eines süddeutschen, katholischen Hohenzollernprinzen an. Als am 14. Juli der preußische Gesandte anfragte, auf welche Unterstützung Bayerns bei einem französischen Angriff Preußen rechnen könne, erklärte ohne Rückfrage beim König der bayerische Kriegsminister von Pranckh, er verpflichte sich, die beiden bayerischen Armeekorps zur Verfügung zu stellen. Am 15. Juli teilte Bismarck die Mobilmachung des Norddeutschen Bundes mit und bat um Beschleunigung der bayerischen Rüstungen. Pranckh sandte noch am 15. Juli einen bayerischen Militärbevollmächtigten nach Berlin. Der an diesem Tage zusammentretende Ministerrat erbat vom König den Mobilmachungsbefehl. Ludwig II. war erst am Abend dieses entscheidungsvollen Tages von einem größeren Gebirgsausflug nach Schloß Berg zurückgekehrt und hatte mit seinem Kabinettssekretär noch vor Eintreffen der Bitte der Minister die Lage erörtert. Er hatte eine friedliche Beilegung des Konfliktes gewünscht und durch seine Abwesenheit Bray gegen Pranckh unterstützt[16a], aber auch den Bündnisfall erwogen, nicht weniger die Folgen eines Krieges für Bayern. Als der Kabinettssekretär im Morgengrauen das Schloß verließ und sich der König zur Ruhe begeben hatte, traf der Beauftragte der Minister ein, wies auf die Kostbarkeit jeder Stunde hin, auch auf die in der Kammer namentlich bei den sogenannten Ultramontanen zu erwartenden Schwierigkeiten und die Erregung in München. Ludwig II., der den Beauftragten am Bett empfangen hatte, rief aus: „Mein Entschluß ist gefaßt. Bis dat qui cito dat" (Zweimal gibt, wer schnell gibt).

Der König und der Krieg 1870

Der König hatte einen schnellen, klarberechneten Entschluß gefaßt. Ähnlich handelte er nach dem entscheidenden Sieg bei Sedan. Am 9. September trat der Ministerrat zusammen. Er erbat am 12. von dem zurückhaltenden König dessen Ermächtigung zu Verhandlungen über ein Verfassungsbündnis. In der Nacht vom 12. auf 13. September traf in Bismarcks Auftrag Graf Tauffkirchen beim König ein, ein Bayer, der soeben Präfekt des Maas-Departements geworden war.

Ludwigs politische Entschlüsse nach dem Sieg bei Sedan

Bereits am 13. ließ der König[17] durch den Grafen Bray-Steinburg Bismarck seine Bereitschaft bekanntgeben, seine Bevollmächtigten ins preußische Hauptquartier abzuordnen. Aber am 17. wies er Bray-Steinburg schriftlich an, er solle die Auffassungen und Absichten in Dresden, Stuttgart, Karlsruhe, Darmstadt vertraulich erkunden; denn er habe Grund zur Annahme, daß der Berliner Hof der Kaiserfrage alles weniger als fern stehe. Am 17. September befahl der König ein erschöpfendes Gutachten in der deutschen Verfassungsfrage. Am 20. September arbeitete der Ministerrat eine Skizze des Verfassungsvertrages aus und sandte sie dem König nach Berg.

Der König schrieb darauf: „Die ebenso klare als gründliche Skizze des Bundesvertrags entspricht Meiner Intention mit Ausnahme des dem Bundesoberhaupte persönlich eingeräumten Inspektionsrechts (über die bayerische Armee), welches Ich unter keinen Umständen zuzugestehen gewillt bin." Diese Verfassungsskizze wurde die Grundlage für die Unterhandlungen der bayerischen Bevollmächtigten in Versailles.

Geld- und Gebietswünsche aus Bayern

Als sie am 20. Oktober abreisten, hatten sie auch einen langen Wunschzettel des bayerischen Finanzministers mitgenommen, der sich auf die 30 Millionen Kriegskostenentschädigung von 1866, verschiedene außerordentliche Ausgaben im Zusammenhang mit dem Krieg und zur Entschädigung der Zivilbevölkerung in der Pfalz und das Wittelsbacher Eigentumsrecht an der Düsseldorfer Galerie bezog.

Der König wünschte für sich außerdem zwei Millionen und eine „mäßige Territorialvergrößerung", wie er wiederholt Bray-Steinburg wissen ließ[18]. Gebietsvergrößerung und Geldentschädigung allgemein betonte der König erneut in einem Brief vom 26. Februar 1871 an Prinz Luitpold. In einem Brief vom selben Tage an Kaiser Wilhelm spricht er von den Opfern Bayerns 1866. Er nennt als solche die Zugeständnisse, „welche angesichts der bisherigen Stellung Bayerns in der That als Opfer bezeichnet werden können". Bayern sei der einzige der gegenwärtigen Bundesstaaten, der neben einer namhaften Geldsumme „nicht unbeträchtliches Gebiet verlor. Diese Verluste wurden auch von der Mehrzahl des Volkes schwer empfunden und stehen selbst jetzt noch in schmerzlichem Andenken". Die erstrebte Gebietserweiterung für Bayern würde namentlich bei jenen versöhnend wirken, „welche den damaligen Gebietsverlust nur zu gerne als An-

Westfassade des Schlosses Herrenchiemsee mit Fortunabrunnen 1886

griffspunkt gegen die bundesfreundliche Politik Preußens benützen".

Zahlungen an Bayerns Staat und seinen König

Bayern wurde nicht mit Gebiet, wohl aber – bis 1875 – mit 157,9 Millionen Gulden entschädigt, der König erhielt in einem längeren Zeitraum im ganzen 2 Millionen Gulden. Die Zahlungen an König und Staat begannen erst 1872, als Bismarck durch die Schwierigkeiten des Kulturkampfes auf Bayern mehr und mehr angewiesen war.

Kulturelle Ausgaben Ludwigs II.

König Ludwig II. hatte wie sein Vater bis zum Tode des Königs Ludwig I. 1868 nur etwa die Hälfte der nach Abzug der Mittel für den Unterhalt des Hofes und des Hoftheaters usw. verfügbaren Summe aus der königlichen Zivilliste für seine eigenen Zwecke in Anspruch nehmen können, da die andere Hälfte der Summe, also 500 000 fl jährlich, dem König Ludwig I. vorbehalten war. Es ist wohl kein Zufall, daß König Ludwig II. erst 1868 seine Schloßbauten begann. Die Ausgaben für Richard Wagner[19] (z. B. 1865 für Tristanaufführung 70 000 Gulden, 1866 für Lohengrin und Tannhäuser 29 000 Gulden, 1867 für Lohengrin und Tannhäuser 44 000 Gulden, 1868 für die Meistersinger 45 800 Gulden, 1870 für Walküre 41 500 Gulden) und nunmehr für Neuschwanstein und Linderhof, auch für die Umbauten an der Münchner Residenz, scheinen aber bald die Mittel des Königs überstiegen zu haben, die ohnehin für soziale (Jahresdurchschnitt 170 000 Gulden, später 250 - 320 000 Mark) und kulturelle (Jahresdurchschnitt 1866 197 775 Gulden, 1870 287 579 Gulden) Zwecke erheblich in Anspruch genommen waren. So war auch bis 1870 der Privatfideikommiß König Max' II. schnell auf eine nicht nennenswerte Summe zusammengeschmolzen. In der Entscheidung über die Ausgaben verlor Ludwig II. zuerst das reale Gleichgewicht. Der ungewöhnliche Weg, für seine eigenen Zwecke zu Geld zu kommen, lag zwar im Herbst 1870 nahe, da Geld immer mehr die einzige Art der Entschädigung schien, die noch für andere Einbußen erwartet werden konnte, aber der Wunsch, Geld zu bekommen, brachte es mit sich, daß Bismarck 1872 das Geld, das er fortan meist auf dem Verrechnungswege dem bayerischen Finanzministerium übermittelte, aus der Kriegskontribution Frankreichs nahm, die freilich auch für Preußen und seit 1872 für Württemberg in Anspruch genommen wurde. Das Geld für den König entnahm Bismarck, ohne daß jener wohl die Quelle wußte, aus dem Welfenfonds.

Schloßbauten

1867 reiste der König incognito nach Versailles, 1874 nach Reims. Der Besiegte von 1866 suchte das Vorbild der französischen Könige, von denen er sich Ludwig den Heiligen und Ludwig XIV. besonders zum Leitbild nahm. Für das Schloß Neuschwanstein wurde das von Ludwig von Orléans 1392 erbaute und 1858–95 restaurierte französische Schloß Pierrefonds[20] vorbildlich. Dazu kam der Eindruck der Wartburg, besonders des Sängersaales, die Ludwig 1867 sah. Ludwig II. dachte sich nebeneinander mehrere Schlösser zugleich aus. Die Projekte wurden manchmal bearbeitet, bevor der Ort festgelegt war, wo sie stehen sollten. Die ersten Pläne Dollmanns für eine Schloßanlage, wie sie später in Herrenchiemsee verwirklicht wurde, stammen von 1868/69 und tragen die Ortsbezeichnung „Linderhof". Erst das achte Projekt für „Versailles" aus dem Jahre 1870 ließ die Bezeichnung „Linderhof" fallen, wo bereits seit 1869 ein kleines Schloß, der spätere Lieblingsaufenthalt des Königs, begonnen worden war[21].

Ludwigs Kaiserbrief und seine Versuche einer stärker bayerischen Regierungsbildung

Der berühmte Kaiserbrief des Königs steht mit dessen Geldwünschen in keinem Zusammenhang. Er ist die Folge der von den bayerischen Ministern in Versailles mit Bismarck abgeschlossenen Verträge vom 23. November 1870. So wie von der Pfordten 1866 instruktionswidrig unter dem Zwang des ablaufenden Waffenstillstandes den Friedensvertrag ohne die vom König gewünschte Souveränitätsgarantie abgeschlossen hatte, hielt sich Graf Bray-Steinburg nicht immer an den Willen seines Königs, etwa als er entgegen diesem nicht weiter mit Württemberg zusammenarbeitete und damit die Aktion des bayerischen Gesandten Freiherrn von Gasser in Stuttgart am 8. November unmöglich machte. Ludwig II. drang auf noch stärker föderative Gestaltung des Verfassungsbündnisses. Er wehrte sich vor allem gegen das Recht des Bundesfeldherrn, die bayerischen Truppen zu inspizieren. Das möglichst uneingeschränkte Oberkommando über die bayerische Armee gehörte in der Vorstellung Ludwigs II. zu den wesentlichsten Bestandteilen der Souveränität Bayerns.

Als Graf Holnstein am 30. November 1870 zu dem in Schloß Hohenschwangau bettlägerigen König vordrang, schrieb dieser keineswegs den von Holnstein mitgebrachten Entwurf des Kaiserbriefes wörtlich ab, sondern entgegen dem Entwurf Bismarcks[22] sprach Ludwig II. nicht nur von der Wiederherstellung der deutschen Kaiserwürde, sondern auch „eines Deutschen Reiches". Dies schien ihm offenbar mehr den „Gesamtinteressen des deutschen Vaterlandes und seiner verbündeten Fürsten" zu entsprechen, die auch Bismarck in dem Entwurf gelegentlich anführte. In einer mehr gehobenen Tonart als gegenüber König Wilhelm von Preußen schlug König Ludwig II. den einzelnen deutschen Staatsoberhäuptern vor, in Gemeinschaft mit ihm beim König von Preußen anzuregen, daß die Ausübung der Bundespräsidialrechte mit der Führung des Titels eines Deutschen Kaisers verbunden werde. Trotz dieser verschiedenen Schreiben vom 30. November 1870 war Ludwig II. wie schon nach dem Sieg von Sedan zutiefst erfüllt von dem einschneidenden Wandel, der sich nun für die Stellung Bayerns und seines Königs ergab. Zweifel und Verzweiflung packten den König, der die Briefe des 30. November in Hohenschwangau geschrieben hatte. Dem Kabinettssekretär Aug. Eisenhart, der sich häufig im Sinn der in Versailles verhandelnden Minister zum König geäußert hatte, schrieb dieser mit Sarkasmus: Durch seine Minister habe Eisenhart Näheres über die deutsche Verfassungsfrage gehört und sei deshalb im Stande, die Sachlage richtig zu beurteilen. „Sollte ein anders gefaßter Brief (als der Ludwigs) daher als besser und angemessener sich herausstellen, sollten die Opfer, die man im Verfassungsentwurf von mir verlangt, zu groß sein, gut, so zerschlägt sich die Sache und Ich ermächtige Sie, den Brief an den König von Preußen zu zerreißen."

Es ist das erste Mal, daß der König zu einem anderen eine für ihn politisch so unmögliche Äußerung macht. Obwohl er befohlen hatte, seinen rechtzeitigen nationalen Eindruck in der Presse zu betonen und er selbst durch die schnelle Kriegserklärung an Frankreich mit Erfolg erstrebt hatte, Bismarck als tatbereiter und infolgedessen verschiedener Rechte und Vorrechte würdiger Bundesgenosse zu erscheinen, so verzweifelte er jetzt. Niemals, schrieb er, hätten ihn die Fluten des Alpsees mehr angezogen, um darin seinem elenden Dasein ein Ende zu machen. In der Vorstellung, daß sein Bruder Otto nicht an sein Kaiserangebot gebunden sei, wollte er zugunsten Ottos dem Throne entsagen. Mit scharfem Verstande und außerordentlicher Selbstbeherrschung wahrte Ludwig II. vor seiner Umgebung, vor allem vor politischen Persönlichkeiten, sein Gesicht. In seinem Innern aber sann er noch mehrmals auf eine stärker bayerische Gestaltung seines Ministeriums[23], 1872, als er den hartnäckigen Bayern Freiherrn von Gasser mit der Regierungsbildung beauftragte, 1875, als er einen der drei Nein-Sager in der Kammer der Reichsräte bei der Abstimmung über die Versailler Verträge, den Freiherrn von und zu Franckenstein in einem für Bismarck außenpolitisch sehr kritischen Zeitpunkte, der Krieg-in-Sicht-Krise, für die Regierungsbildung zu gewinnen suchte. Scheiterte Gasser an seiner Ungeschicklichkeit, so sagte Franckenstein ab, wohl weil er seine Tätigkeit als Führer der Reichstagsfraktion des Zentrums in Berlin für wichtiger hielt. Das Scheitern der beiden Versuche, eine stärker bayerische Regierung zu bilden, erschütterte den König außerordentlich. Als 1876 die Unmöglichkeit dieser Versuche feststand, die durch einen Konflikt des Königs mit der Zweiten Kammer und der bayerischen Patriotenpartei darin kompliziert wurden, brachen allmählich in dem verzweifelten Monarchen seine gefährlichsten Anlagen durch.

König Ludwig II. wahrt gegen Bismarck seinen Standpunkt

Nach außen bleibt das Jahre hindurch noch kaum sichtbar. Pius IX. hatte von ihm den Eindruck eines wahren Edelmanns gewonnen, als er ihm 1873 auf sein Schreiben bezüglich des Kulturkampfs antwortete. Es ist auch nicht zu verkennen, daß der König dem Papst nicht nach dem Entwurf seines Kultusministers Lutz geschrieben hatte, sondern selbständig die juristischen Schwierigkeiten dargelegt und sicht-

Schloß Neuschwanstein beim Tod Ludwigs II. 1886 nach einer Zeichnung von R. Aßmus

lich einen Bruch vermieden hatte[24]. Bismarck schrieb dem König am 10. September 1879 einen außerordentlich langen

Brief, geradezu einen Bericht über den wachsenden Einfluß des Panslawismus. Er zeigte ihm die Schwierigkeit, die dadurch einerseits für die Regierung Kaiser Alexanders II., andererseits aber für das Deutsche Reich und Österreich-Ungarn entstand. Bismarck entwickelte dem König einen außenpolitischen Plan. Er habe diesen nur Kaiser Wilhelm und Kaiser Franz Joseph vorgetragen, es aber für seine Pflicht gehalten, dem König von Bayern „die Politik des Deutschen Reiches in Ehrfurcht... zur Kenntnis zu bringen". König Ludwig II., dem Bismarck auch von der mit Graf Andrassy vereinbarten Geheimhaltung des Planes Mitteilung machte, mußte sich so einbezogen sehen in die europäische Politik. Er antwortete entsprechend Bismarcks Bitte bereits am 16. September. Wenn auch nicht übersehen werden darf, daß Bismarck damals auf die Abberufung des bayerischen Außenministers Freiherrn von Pfretzschner und des bayerischen Gesandten in Berlin, Freiherrn Gideon von Rudhart, hinarbeitete, die ihm Bayerns Stellung nach außen zu sehr betonten, so darf in Bismarcks Briefwechsel[25] mit König Ludwig II. doch nicht bloß der schließlich erfolgreiche Versuch erblickt werden, den außenpolitischen Bundesratsausschuß nicht einzuberufen, in dem Bayern den Vorsitz hatte. Ludwig II. ließ tatsächlich 1880 den nationaldeutsch gesinnten, noch jungen bayerischen Diplomaten Freiherrn von Crailsheim anstelle Pfretzschners treten, den Grafen Hugo von Lerchenfeld aber an die Stelle Rudharts, der 1877 auf den von Bismarck weggewünschten Frh. Pergler von Perglas gefolgt war. Schließlich machte Bismarck König Ludwig in dieser kritischen Zeit zum Mitwisser seiner Politik und bemühte sich mindestens um seine Zustimmung. Zweifellos verließ der König durch die Ernennung Crailsheims zum Außenminister die Richtung, die er mit den Versuchen von 1872 und 1875 eingeschlagen hatte, den Freiherrn von Gasser bzw. den Freiherrn von Franckenstein an die Spitze des Ministeriums zu bringen. Aber er übertrug 1880 Crailsheim nicht den Vorsitz im Ministerrat, obwohl dieser, seit 1849 konstituiert, bisher mit dem Ministerium des königlichen Hauses und des Äußeren verbunden worden war. Der König bestellte den erprobten Verfechter der bayerischen Staatsautorität, den früheren Justiz- (1867-1871) und nunmehrigen Kultusminister (1869-1890) Freiherrn von Lutz, zum Vorsitzenden im Ministerrat.

Noch 1883 und 1884, als Franckenstein nach der Tafel bei

Hof den König sprach, hatte er den Eindruck, daß bei diesen Unterredungen sein „scharfer Verstand" stets deutlich hervortrat und daß niemand aus dem, was er sagte, hätte schließen können, daß auch nur die mindeste Geistesstörung obwalte. Franckenstein schrieb diese Beobachtung im Juli 1886 nieder, also nachdem der König für verrückt erklärt, Regentschaft und Vormundschaft eingesetzt worden waren und die Katastrophe am 13. Juni erfolgt war. Ludwig II. kämpfte einen heroischen, schließlich verzweifelten Kampf gegen seine schizophrenen Anlagen. Sie brachen trotzdem im letzten Jahrzehnt seines Lebens immer mehr durch.

Götterdämmerung

Dieses letzte Jahrzehnt begann 1876 noch einmal mit einem Auftakt, der Ludwig wie einst 1864 glücklich machte: 1876 wurde das Festspielhaus in Bayreuth fertig. Der König feierte sein Wiedersehen mit Richard Wagner nach acht Jahren in aller Stille. Er hatte ihn seit seinem Inkognito-Besuch in der Schweiz nicht mehr gesehen. Die Bevölkerung und das Publikum im Theater empfingen den König mit Jubel. Dieser erreichte seinen Höhepunkt, als sich nach der Aufführung der „Götterdämmerung" der König in der Loge und Richard Wagner auf der Bühne gleichzeitig zeigten. Die Wahl des Stückes berührt nachträglich wie die Ankündigung eines dunklen Themas. Innerlich war der König nach der Niederlage von 1866, der zwangsläufigen Mitwirkung an der Reichsgründung, den vergeblichen Versuchen von 1872 und 1875, eine stärker bayerische Regierung zu bilden, in seinem politischen Bewußtsein stark erschüttert. Um so mehr gewannen Übersteigerungen seines monarchischen Selbstbewußtseins allmählich die Oberhand. Dazu kam 1875 der Ausbruch der eindeutigen Krankheit des Bruders. Ludwig wollte den Mangel an Kontakt mit anderen Menschen möglichst wenig sichtbar werden lassen. Seine subjektive Erfahrung mit seinen Angehörigen und den meisten Persönlichkeiten der Oberschicht der Gesellschaft enttäuschte ihn. Der geistig anspruchsvolle König, der in seiner Einsamkeit sehr viel las[26], empfand aber auch den Unterschied der Bildung, wenn er mit einem Offizier seiner Umgebung oder seinen Dienern ins Gespräch kam. Gleichwohl ging er gerne auf Menschen

Politische Enttäuschungen

Menschliche Enttäuschungen

aus einfachen Kreisen ein. Sein dynastisches Rangbewußtsein erforderte keineswegs, daß sich seine Umgebung möglichst aus altem Adel zusammensetzte. Die große Gesellschaft, wie sie sich im Theater traf, schätzte er so wenig, daß er Separatvorstellungen vorzog. Sie fanden zu gewöhnlicher Abendstunde, keineswegs erst um Mitternacht statt. Die Diener und die zur Dienstleistung befohlenen Chevaulegers trennte von ihm meist der durch ihre Funktion gegebene Abstand. Mit einigen aber stand der einsame Monarch in vertrauterer Beziehung. Mit dem 1841 geborenen Stallmeister Richard Hornig verband Ludwig geradezu eine Freundschaft. Seine männlichen Beziehungen dürfen keinesfalls als Beweis seiner Schizophrenie gewertet werden. Sie sind im Einzelfall fast nicht fixierbar. Seine nie aufhörenden Versuche, sich religiös-kirchlich zu verantworten[27], lassen es geraten erscheinen, sich hier vor übertreibenden Vorstellungen zu hüten. Eine echte Beziehung von Treue und Vertrauen herrschte zwischen ihm und seinem Adjutanten Graf Alfred von Dürckheim-Montmartin.

Die meisten Freundschaftsbeziehungen des Königs, wie die mit dem Freiherrn Anton von Hirschberg oder mit dem Schauspieler Joseph Kainz, zerbrachen nach einiger Zeit an dem Umstand, daß eintretende Meinungsverschiedenheiten die große Verschiedenheit der Charaktere offenbarten. Kainz, dem der König verzieh, daß er während der ausgedehnten Unterhaltungen einschlief, sagte dem König, daß er es nicht edel finde, in seiner Stellung nicht wohlwollend und gut zu seinen Lakaien zu sein. Verdienten diese auch nicht immer das ihnen von Kainz gezollte Mitleid, da sie den König häufig belogen und betrogen, so beherrschte der König gegen sie doch seine Wahnvorstellungen von seiner Befehls- und Strafgewalt so wenig, daß er ihnen gelegentlich Ohrfeigen gab und ihnen ins Gesicht spuckte. Die Zornesausbrüche des Königs in seinen letzten Lebensjahren verrieten geradezu eine Spaltung seines Bewußtseins. Denn er war im normalen Zustande freigebig, gütig und ohne viele Vorurteile. Versuchte er aber, die finanziellen und sonstigen Grenzen seiner tatsächlichen Macht unwirklich zu machen, so befahl er Grausamkeiten oder einen Bankeinbruch außerhalb Bayerns. Da solche Befehle nie ausgeführt wurden, kam es zu keinen besonderen Schwierigkeiten. Es bezeichnet aber den wechselnden Zustand des Königs in seinen letzten Jahren, daß er auf die Ausführung solcher Befehle nie zurückkam.

Die Spaltung der geistig-moralischen Persönlichkeit Ludwigs

Das war ein Eingeständnis des außerordentlichen Zustandes, in dem sie erfolgt waren.

Seit 1877 Hofsekretär Lorenz von Düfflipp ausschied, geriet die Kabinettskasse immer mehr in Unordnung. Ludwigs zunehmende Menschenscheu artete in Verfolgungswahn[28] aus. Seine unbegründete Furcht vor Attentaten stand im Gegensatz zur geradezu unwirklichen Vorstellung von der Erhabenheit der absoluten Monarchie im Sinn Ludwigs XIV. Er war nicht selbstsüchtig, aber er schien sich im Mittelpunkt der ganzen Außenwelt zu sehen. Das führte zu der politischen Unmöglichkeit, daß er gelegentlich die Geltung des Privatrechts für sich selbst leugnete und zu Düfflipp einmal sagte, sein königliches Wort habe nur so lange Geltung, als er es halten wolle.

Prinz Luitpold und das Ministerium greifen ein

Prinz Luitpold[29], der nach Otto in der Thronfolge nächste Agnat, der vom König fast ständig zur Vertretung bei Landtagseröffnungen oder im Staatsrat oder bei Staatsbesuchen herangezogen wurde, ließ im Sommer 1885 den Vorsitzenden im Ministerrat, Freiherrn von Lutz, zu sich rufen und fragte ihn, ob denn die Minister nicht gegen ein Gebaren des Königs Einsprache erhöben, das der Dynastie und dem Lande so sehr zum Nachteil gereiche. Lutz rief darauf den Ministerrat zusammen und dieser stellte fest, daß ein Schritt gegenüber dem König vielleicht Eindruck machen würde, fürchtete aber als dessen Folge, daß dann die Minister abtreten müßten. Eine gewisse moralische Verantwortung und Verpflichtung in diesem Punkte wurde nicht geleugnet. Der Ministerrat vertrat den Standpunkt, die Agnaten müßten anfangen. Prinz Luitpold erklärte sich bereit und wünschte nur einen Wink bezüglich des richtigen Zeitpunkts. Der Stein kam dadurch ins Rollen, daß der König selbst am 29. August den Finanzminister Emil von Riedel beauftragte, die nötigen Schritte „zur Regelung der Finanzen" zu tun; damit war der im vorausgehenden Satz angesprochene „ungünstige Stand" der Kabinettskasse gemeint. Riedel solle so auch die nötigen Schritte zur Förderung der „Unternehmungen" des Königs tun. Der Minister antwortete am 3. September im Benehmen mit dem Gesamtministerium: Der Zustand der Kabinettskasse sei eine große Gefahr für die Person des Königs und den Thron und könne nur durch Einschränkungen und Einsparungen behoben werden. Darauf ließ der König dem Minister durch seinen Generaladjutanten sein Mißfallen aussprechen. Riedel antwortete mit der Bitte um Entlassung. Die übrigen Minister erklärten, daß es ihnen nach Riedels Entlassung nicht möglich sein würde, die Geschäfte weiterzuführen. Darauf verweigerte der König Riedel in den schmeichelhaftesten Ausdrücken die Entlassung, ließ aber durch den Generaladjutanten jedem Minister seinen Unwillen aussprechen und erklärte es für eine Majestätsbeleidigung, daß, wenn er einen Minister entlassen wolle, auch die übrigen ihre Entlassung verlangten. Kurz vor Weihnachten schickte er einen Diener zum Vorsitzenden des Ministerrats mit dem Befehl, sich darüber zu äußern, was nach seiner Ansicht bei der dermaligen Lage der Kabinettskasse zu geschehen habe. Lutz wagte nach den Erfahrungen, die Riedel gemacht hatte, einen unmittelbaren Bericht an den König nicht und schrieb dem Hofsekretär eine umständliche Abhandlung voll Dankbarkeit für das königliche Vertrauen seit einundzwanzig Jahren; dann trat er mit außerordentlicher Vorsicht den Beweis an, weshalb es keine Majestätsbeleidigung sei, wenn Minister einander nicht im Stich lassen wollten, wenn sie auf diese Weise getadelt worden seien. Darauf warnte Lutz im Namen der übrigen Minister, den Landtag um einen Betrag über die Zivilliste hinaus zu bitten. Die Minister würden die Verantwortung für eine solche Vorlage an die Kammern nicht übernehmen können. Lutz schilderte die Verhältnisse der Kabinettskasse noch schwärzer als Riedel, um in die Erwägung einzutreten, daß gerichtliche Zwangsverhandlungen gegen den Besitz des Königs Platz greifen und sich die Gläubiger in gefährlicher Weise vereinigen würden. Tatsächlich gab es keine Bestimmung, die es dem König verwehrte, an die Kammern wegen einer besonderen Summe heranzutreten. Einschließlich der nächsten Beträge für die Bauarbeiten brauchte der König 20 Millionen. Das war gegenüber einem Staatshaushalt von 300 Millionen Mark keine unerschwingliche Summe. Ludwig II. antwortete Lutz nicht, fragte aber bei Innenminister von Feilitzsch wegen eines neuen Hofsekretärs an und wollte von ihm wissen, ob die im Privateigentum des Königs befindlichen Schlösser nicht zum Schein in das Inventar der Zivilliste eingetragen werden könnten, um sie vor Beschlagnahme zu schützen. Der Innenminister verneinte am 19. Januar 1886 die Frage. Darauf legte ihm der König am 26. Januar dringend ans Herz, wenigstens die Summe aufzutreiben, die nötig wäre, um ein „Vergreifen am königlichen Eigentum“ zu verhüten. „Denn würde dies nicht verhütet, so würde mich dies dermaßen empören, daß ich mich entweder töten oder jedenfalls das schändliche Land, in welchem dies Schauderhafte geschah, sofort und für immer verlassen würde. Diesem vorzubeugen, muß doch treuen Untertanen gelingen." Seit die Kabinettskasse in den beklagenswerten Zustand geraten sei, sei eine Stockung in der Arbeit bei den Bauten eingetreten und damit dem König „die Hauptlebensfreude genommen". So menschlich begreiflich die dringende Bitte Ludwigs war, so unmöglich war doch die Drohung mit dem Tode. Der Innenminister erklärte die Beschaffung der 20 Millionen für unmöglich und die Anrufung der Vertretung des Landes für aussichtslos. Die Verwendung staatlicher Überschüsse zu Bauten durch seinen Großvater König Ludwig I. habe einen Verfassungskonflikt hervorgerufen und dann zu einer Vereinbarung am 12. Juli 1843 geführt. Demnach könne die Regierung ohne Mitwirkung des Landtags über Erübrigungen nicht verfügen. Der König solle eine Vereinbarung mit den Gläubigern bezüglich der Minderung der übertriebenen Forderungen versuchen und Einsparungen vornehmen. Während der König bei Rothschild in Paris, aber auch in Berlin, Brüssel, Stockholm und anderswo vergeblich Darlehen zu bekommen suchte, verhandelte Lutz mit Prinz Luitpold bereits über die Notwendigkeit einer Regentschaft und besprach den Geisteszustand des Königs. Das Ministerium nahm auch mit Berlin Fühlung. Doch auch der König tat weitere Schritte. Er wandte sich zuerst über Prinz Ludwig Ferdinand mittelbar an Franckenstein, am 15 April sandte er den Kabinettssekretär Ministerialrat von Schneider zu ihm, um zu fragen, was Franckenstein dem König raten könne. Franckenstein hielt einen Antrag an die Kammern für unmöglich. Würden ihn die Minister stellen, so müsse der König feierlich versprechen, in Zukunft nicht mehr auszugeben als er einnehme. Auf Bitte des Ministers von Lutz besprach Franckenstein mit ihm, Feilitzsch und Crailsheim die Lage. Franckenstein erklärte, der König sei nicht irrsinnig. Was als Irrsinn betrachtet werde, seien die Zeichen einer von Haus aus unendlich empfindlichen Phantasie, die nie Widerstand gefunden habe. Daran seien auch die Minister schuld. Lutz antwortete, daß der Irrenarzt Dr. Gudden den König „eben doch" für „närrisch" halte. Der König verhandelte über Schneider weiterhin schriftlich mit Franckenstein und dieser legte ihm nahe, er solle nach München kommen und mit seinem Ministerium die Lage besprechen. Komme der König nicht, müsse er, Franckenstein, ra-

Ludwigs Versuche, seine Kabinettskasse in Ordnung zu bringen, offenbaren krankhafte Machtvorstellungen

ten, daß der König den Vorsitzenden des Ministeriums, Frh. v. Lutz, zu sich rufe. Ludwig II. wandte sich in dieser verzweifelten Lage auch an Bismarck. Dieser riet ihm am 14. April zur Aufnahme einer Staatsanleihe und zu persönlichem Handeln in München.

Ludwigs Entmündigung, Luitpolds Regentschaft

Am 5. Mai richtete das Gesamtministerium eine Vorstellung an den König, kritisierte dessen Finanzverhältnisse noch freimütiger und forderte zur Sparsamkeit und Einschränkung auf. Der König antwortete nicht. Die Presse aber erörterte bereits, ob der König wegen Privatverbindlichkeiten vor Gericht gezogen werden könne. Sie bejahte die Frage. Die ausländische Presse kritisierte ohne Rücksicht. Da ersuchte Prinz Luitpold die ehemaligen Kabinettssekretäre von Ziegler und von Müller um Angaben von Tatsachen für ein psychiatrisches Gutachten über den König. Auch Diener aus der Umgebung Ludwigs wurden vernommen. Das Gutachten vom 8. Juni erklärte den König als „in sehr fortgeschrittenem Maße seelengestört" und verrückt, „unheilbar" und für die ganze Lebenszeit an der Ausübung der Regierung verhindert. Luitpold verständigte die Souveräne im Reich[30] und den Kaiser von Österreich und proklamierte zusammen mit dem Ministerium am 10. Juni – nach der Entmündigung am 9. Juni – die Regentschaft. Der Landtag wurde für den 15. Juni einberufen.

Ludwigs Verzweiflungskampf

Noch einmal wollte sich der König an Bismarck wenden. Er wußte nicht, daß dieser inzwischen von München aus aufgeklärt worden war. Er schrieb wohl am 3. Juni 1886, als er bereits ungünstige Nachrichten aus München hatte, an seinen vertrauten Reisefurier Hesselschwerdt: „... jemanden Verlässigen zu Bismarck. Von Kammern, Ministern, Schneider (Kabinettssekretär Ministerialrat Schneider) ist es eine Gemeinheit, diese frechen Bedingungen zu erwähnen. Die Kammer also schnell und geschickt bearbeiten; bleibt sie verstockt, was fast so aussieht, da sie sich ja schlimmer, als nur auszudenken war, benahm, dann eine andere her, diese auflösen. Gehandelt muß werden, und schleunigst, denn es eilt sehr. Beherzige dies recht, recht." Der Reisefurier Hesselschwerdt und der Friseur Hoppe sollten auch Schritte unternehmen zur Bildung eines neuen Ministeriums durch den früheren Kabinettssekretär Friedrich von Ziegler und den Juristen Friedrich J. von Thelemann, den Verlobten der Tochter des damaligen Justizministers Fäustle, der Jahrzehnte später selbst Justizminister wurde. Ziegler hatte am 19. Mai den letzten Versuch gemacht, den König zum Nachgeben zu bewegen. Dieser gab weder nach, noch folgte er Bismarcks und Franckensteins Rat, sich in München zu zeigen und dort zu handeln. Er erließ am 9. Juni einen Aufruf, in dem er sich gegen Luitpold als den Prinz-Rebellen wandte. Er wurde durch die Bemühungen Dürckheims an Zeitungsredaktionen geschickt, doch nur von einer Bamberger Zeitung veröffentlicht. Prinz Luitpold hatte an seinen Neffen einen Brief geschrieben, in dem er in menschlicher Weise ihm die Situation zu erklären suchte. Er übersandte ihn aber nicht durch die Post, sondern durch eine Staatskommission. Daß dieser auch Graf Holnstein angehörte, vor dessen Einbeziehung Bismarck gewarnt hatte, da er den König seit drei Jahren hasse, reizte den König zu höchster Wut. Der König ließ am 10. Juni, am selben Tage, da sein Onkel in München die Regentschaft für ihn proklamierte, einige Herren der zu ihm entsandten Staatskommission festnehmen, darunter Crailsheim und Holnstein. Er gab für die Behandlung der Verhafteten grausame Befehle. Doch eben diese weckten Zweifel in den Vollzugsorganen. Sie ließen die Gefangenen wohl ohne Wissen des Königs wieder frei. Nach Leopold Hitzl wären sie sogar auf Geheiß des Königs freigegeben worden. Der Kriegsminister befahl Graf Dürckheim durch zwei nachts eingetroffene Telegramme, sofort nach München zurückzukehren. Als Dürckheim das zweite dem König vorlegte, sagte dieser: „Sie wissen, wie gerne ich Sie bei mir behielte, telegraphieren Sie meinem Onkel (Luitpold) und fragen Sie an, ob er Sie mir läßt." Ludwig II. dankte mit der Anerkennung einer solchen Entscheidung durch Prinz Luitpold geradezu ab. Am 11. Juni traf die Proklamation der Regentschaft in Hohenschwangau ein. Der König dachte an Selbstmord; man riet ihm zur Flucht. Er fragte, ob sie ohne Blutvergießen ins Werk gesetzt werden könne. Als man dies bezweifelte, erklärte er, er wolle nicht, daß Menschenleben für ihn geopfert werden.

Ludwigs letzte Tage

Kaum ein Mensch war mehr in Neuschwanstein. Ludwig II. erwartete das Los seines Bruders. Wie einst, wenn er von der Residenz in München Abschied nahm, und das besonders vor dem Königsthron getan hatte, nahm er auf dem Gang

Dr. Bernhard von Gudden

durch das Schloß, in das er so viele seiner Gedanken hineingelegt hatte, Abschied von dem großartigen, aber unvollendeten Thronsaal mit den Bildern der heiliggesprochenen Könige. Während der Nacht, in der es in Strömen regnete, sprach er mit dem 24jährigen Chevauleger Alfons Weber, der den ersten Kammerdienst tat: „Glaubst Du an eine Unsterblichkeit der Seele, an ein Jenseits, an eine Vergeltung?" – „Ja, Majestät." – Der König: „Ich auch, ich habe zwar verschiedene Bücher gelesen, nach denen man irre werden könnte, aber es muß eine Vergeltung geben, das, was man an mir tut, kann nicht ungestraft bleiben!" Dann in sichtlicher Erregung: „Daß man mich des Thrones beraubt, kann ich verschmerzen, daß man mich aber für irrsinnig erklärt, überlebe ich nicht. Mein Blut komme über diejenigen, die mich gerichtet und verraten haben." Er gab Weber die Agraffe aus Brillanten, die er auf dem Hut zu tragen pflegte, und alles an Geld, was er in seinem Schreibtisch hatte: „Nimm es nur, ich brauche kein Geld mehr." Wiewohl nie ein Trinker, trank er dann im Speisezimmer Wein und Kognak durcheinander, wie um sich zu betäuben: „Um halb Eins bin ich geboren, um halb Eins will ich auch sterben." Er überreichte Weber ein kleines, vielbenütztes Gebetbuch, in dem die Sterbegebete aufgeschlagen waren, und sagte: „Bete für mich!" Von dem Lakaien Mayr, der ohne des Königs Vorwissen bei seiner Vernehmung gegen ihn ausgesagt hatte, verlangte er vergeblich den Schlüssel zu dem Turm, wohl um sich von dort hinabzustürzen. Als der Irrenarzt Dr. von

Gudden um Mitternacht in Neuschwanstein ankam, beschwor ihn Mayr, in die Räume des Königs zu kommen, da dieser sehr aufgeregt sei und sich vielleicht zum Fenster hinausstürzen werde, da er den Schlüssel zum Turm nicht bekommen habe. Gudden ließ darauf die Eingänge zum Turm von seinen Begleitern besetzen und befahl Mayr, dem König den verlangten Schlüssel zu geben. Der König trat darauf unter die Korridortüre. Die Pfleger faßten den König an den Armen, Dr. Gudden aber erklärte ihm, er sei von vier Irrenärzten begutachtet worden und nach deren Ausspruch habe Prinz Luitpold die Regentschaft übernommen. Er habe Befehl, den König nach Schloß Berg zu begleiten, und zwar noch in dieser Nacht. Der König stöhnte einige Male: „Ach!", „Ja, was soll denn das?" . . ., fand aber bald seine außerordentliche Selbstbeherrschung wieder, nahm die Vorstellung der Ärzte und sogar der Irrenpfleger entgegen und führte mit ihnen einige Gespräche, in denen Gudden sehr unpsychologisch antwortete. Vor der Abfahrt sprach der König noch lange mit Mayr und beauftragte ihn, ihm Zyankali zu besorgen. Nach der Ankunft in Schloß Berg bewies der König abermals außerordentliche Selbstbeherrschung. Gudden

Die Fundstelle der Leichen des Königs und Guddens im Starnberger See nach einer Zeichnung von R. Aßmus 1886

Die Bergung der Leiche des Königs aus dem See

war geradezu entzückt von der Liebenswürdigkeit Ludwigs. Der erste Spaziergang verlief ohne jeden Zwischenfall. Der König bemerkte freilich im Gebüsch einen Gendarmen und fragte – offenbar ironisch – ob etwa die Anwesenheit von Sozialisten zu befürchten sei. Darauf ordnete Gudden die Entfernung der Gendarmen an. Der König, auf dessen Schreibtisch in Neuschwanstein der letzte Bericht über Ottos Krankheit lag, als er abreisen mußte, lehnte jetzt die ihm zugeschriebene Geisteskrankheit als Entmündigungsgrund ab und suchte ihn „in der nicht existierenden Herrschbegier des Prinz-Regenten“[31]. Sein Verfolgungswahn wuchs, als er die Gucklöcher in den Türen in Schloß Berg und andere Maßnahmen entdeckte. Sogar die Teilnahme am Gottesdienst am Pfingstsonntag, dem 13. Juni, wurde ihm verweigert. Der König ließ an diesem Tage nach dem Abendessen Gudden zu dem ihm zugesagten zweiten Spaziergang kommen. Dieser befahl dem Pfleger, der zur Begleitung bereit war, zurückzubleiben. Der König und Dr. Gudden fanden an diesem

Aufbahrung Ludwigs II. in Schloß Berg

Abend im Starnberger See den Tod. Nach dem Sektionsprotokoll wies der Körper des Königs keine äußeren Verletzungen außer einer ganz leichten Hautabschürfung am Knie auf. Das Protokoll nennt keine Todesursache. Für keine der darüber aufgestellten Theorien gibt es bis heute zwingende Beweise. Wenn auch Ludwig Selbstmordabsichten äußerte, für einen guten Schwimmer wie ihn wäre ihre Verwirklichung wegen der automatischen Reaktion des kräftigen Körpers außerordentlich schwierig gewesen. Der Theorie des Selbstmordes stehen andere Annahmen gegenüber. Eine spricht von dem Versuch des Königs, statt auf dem versperrten Uferweg durch das Wasser zu einem bereitgestellten Wagen zu fliehen. Gudden habe sich ihm in den Weg gestellt, der König ihn niedergerungen, aber im kalten Wasser einen Herzschlag erlitten.

1866–1886–1966

In den achtzig Jahren seit dem Tode des Königs wandelte

sich viel auf dem europäischen Kontinent. In den hundert Jahren, seit König Ludwig II. und Bayern den ungewollten Krieg um ihr Deutschland, das Deutschland des Deutschen Bundes, verloren, wurden aus dem 1866 aufgelösten Deutschen Bund ein Gebiet aus drei Staatsgebilden, von denen zwei den Anspruch erheben, der deutsche Staat zu sein. Soviel sich aber in Rußland und auf dem Balkan, in Frankreich und in Italien, nicht zuletzt aber in Mitteleuropa, geändert hat, in das Festspielhaus von Bayreuth und zum Besuch des durch Ludwig II. miterkämpften Musikdramas Richard Wagners strömen Tausende und ebenso in die Schlösser des einsamen Königs, der gegen die Krankheit in seinem Innern und für das Königtum, wenn er es auch oft falsch begriff, einen tapferen Kampf gekämpft hat[32].

Titelseite der „Neuesten Nachrichten" vom 14. Juni 1886

Volkswirthschaftliche. **Neueste Nachrichten** Alpine- u. Sport-Zeitung

und

München, Montag 14. Juni. **Münchener Anzeiger.** № 165. 39. Jahrgang. 1886.

Nachdem **Seine Majestät der König** seit der Ankunft in Schloß Berg den ärztlichen Rathschlägen ruhige Folge geleistet hatten, machten Allerhöchstdieselben gestern Abends 6¾ Uhr in Begleitung des Obermedizinalrathes Dr. von Gudden einen Spaziergang in den Park, von dem Allerhöchstdieselben und Dr. von Gudden längere Zeit nicht zurückgekehrt sind. Nach Durchsuchung des Parkes und des Seeufers wurden **Seine Majestät** mit dem Obermedizinalrath Dr. von Gudden im See gefunden. — **Seine Majestät** gaben gleichwie Dr. von Gudden anfangs noch schwache Lebenszeichen. Die von Dr. **Müller** vorgenommenen Wiederbelebungsversuche waren jedoch vergeblich. **Um 12 Uhr Nachts** wurde der **Tod Seiner Majestät konstatirt.** Gleiches war bei Dr. von Gudden der Fall.

München, den 14. Juni 1886.

Königliche Polizeidirektion.

ANMERKUNGEN

[1] Genealogisch orientiert über die Wittelsbacher Christian Haeutle, Genealogie des erlauchten Stammhauses Wittelsbach von dessen Wiedereinsetzung in das Herzogthum Bayern (11. Sept. 1180) bis herab auf unsere Tage, München 1870.

[2] Die wissenschaftlich ernst zu nehmende Literatur über König Ludwig II. darf nicht mit der bloßen Schriftstellerei über ihn verwechselt werden, zumal in dieser oft völlig willkürliche Wege in Kombinationen und Phantasien gegangen werden. Es gibt weder eine wissenschaftlich befriedigende Biographie des Königs noch eine wissenschaftlichen Ansprüchen genügende Monographie über die Geschichte seiner Regierung. – Biographisch orientiert am meisten Gottfried von Böhm, Ludwig II. König von Bayern, 2. Auflage, Berlin 1924. – Über die Geschichte der Regierung gibt Michael Doeberl, Entwicklungsgeschichte Bayerns III, hsg. von Max Spindler, München 1931, S. 362 ff. ein aufschlußreiches Bild. Über einzelne Probleme der Biographie und der Geschichte der Regierung gibt es bereits zuverlässige Literatur. Auf sie wird in den folgenden Anmerkungen in Auswahl eingegangen.

[3] Emil Roesle, Die Geisteskrankheit der bayerischen Könige Ludwig II. und Otto in der Sicht neuer genealogisch-erbbiologischer Methoden, in: Genealogisches Jahrbuch II, 1962, S. 101 ff.

[4] Heinrich Ritter von Srbik, Deutsche Einheit, Idee und Wirklichkeit von Villafranca bis Königsgrätz, IV, München 1942, S. 133 ff.

[5] Eugen Franz, Ludwig Freiherr von der Pfordten, München 1938.

[6] Hans Rall, Bayern und die Entscheidung des Jahres 1866, in: Bayerische Verwaltungsblätter VIII, 1966, S. 253-257.

[7] Karl Hämmerle, Gustav von Schlör. Ein Beitrag zur bayerischen Geschichte des 19. Jahrhunderts, Leipzig/Erlangen 1926. – Zur Geschichte vor allem der inneren Regierung Ludwigs II. beabsichtige ich eine besondere Arbeit vorzulegen.

[8] Über die Beziehung des Königs zu Richard Wagner orientiert am besten: Otto Strobel, König Ludwig II. und Richard Wagner, Briefwechsel I–V, Karlsruhe 1936–1939; zur Problemstellung Sebastian Röckl, Ludwig II. und Richard Wagner, München 1913; Annette Kolb, König Ludwig II. von Bayern und Richard Wagner, München 1963.

[9] Böhm, a. a. O., S. 70.

[10] Eugen Franz, König Ludwig II. von Bayern, das königliche Kabinett, das Ministerium und das Bayerische Volk 1864-66, in: Staat und Volkstum. Neue Studien zur bairischen und deutschen Geschichte und Volkskunde, Festgabe für Karl Al. v. Müller, Dießen vor München 1933, S. 82-98.

[11] Hans Rall, Ausblicke auf Weltentwicklung und Religion im Kreise Max' II. und Ludwigs II., in: Land und Volk, Herrschaft und Staat in der Geschichte und Geschichtsforschung Bayerns (Zeitschrift für bayer. Landesgeschichte 27), München 1964, S. 488-522, bes. 503 ff.

[12] Zu den hier angeschnittenen Problemen und Quellen vgl. Hans Rall, Das Altarsakrament im Schicksal König Ludwigs II. von Bayern, in: Festgabe des Vereins für Diözesangeschichte von München und Freising zum Münchener Eucharistischen Weltkongreß, hsg. v. A. W. Ziegler, 1960, S. 160-179, bes. 166.

[13] Eine politische Biographie Hohenlohes gibt es noch nicht. Über seine Tätigkeit als bayerischer Minister 1867-70 und auch seine spätere Beziehung zu Bayern orientieren: Friedrich Curtius (Hsg.), Denkwürdigkeiten des Fürsten Chlodwig zu Hohenlohe und Schillingsfürst I–II, Stuttgart/Leipzig 1907, und Karl Alexander von Müller, Fürst Chlodwig zu Hohenlohe-Schillingsfürst, Denkwürdigkeiten der Reichskanzlerzeit, Stuttgart/Berlin 1931.

[14] Böhm, a. a. O., S. 391.

[15] Vgl. Günther Müller, König Max II. von Bayern und die soziale Frage, Dissertation, München 1964.

[16] Helmut Kistler, Der bayerische Landtag 1871/72, maschinenschriftl. Dissertation, München 1957, bes. S. 5 ff. Vgl. auch Theodor Schieder, Die Kleindeutsche Partei in Bayern in den Kämpfen um die nationale Einheit 1863-71, München 1936.

[16a] Noch am 16. Juli schrieb der englische Gesandte in München wegen Friedensvermittlung nach London.

[17] Michael Doeberl, Bayern und die Bismarckische Reichsgründung, München/Berlin 1925, S. 92.

[18] Hans Rall, Bismarcks Reichsgründung und die Geldwünsche aus Bayern, in: Zeitschrift für bayerische Landesgeschichte 1959, S. 396-497. – Die Gebietswünsche erstrebten die rechtsrheinische Wittelsbacher Pfalz bzw. eine Landbrücke zwischen der Pfalz und dem bayerischen Unterfranken.

[19] Die Ausgaben für Richard Wagner wie für die Schloßbauten erfolgten aus der Kabinettskasse, wie aus den Kabinettskassenbüchern im Geheimen Hausarchiv in München hervorgeht. Zu den Ausgaben für Richard Wagner vgl. auch Otto Strobel, Neue Wagner-Forschungen, Veröffentlichungen der Richard-Wagner-Forschungsstätte Bayreuth, Karlsruhe 1943, bes. S. 101 ff.

[20] Kaiser Napoleon III. zeigte das Schloß dem König im Juli 1867.

[21] Heinrich Kreisel, Die Schlösser Ludwigs II. von Bayern, Darmstadt 1955, S. 26. – Vgl. auch Louise v. Kobell, König Ludwig II. von Bayern und die Kunst, München 1898.

[22] H. Goldschmidt, H. Kaiser, H. Thimme, Ein Jahrhundert Deutscher Geschichte, 1928, Nr. 46. – H. Rall, König Ludwig II. und Bismarcks Ringen um Bayern 1870/71, unter Auswertung unbekannter englischer, preußischer und bayerischer Quellen dargestellt, München 1973.

[23] Fritz Frh. von Rummel, Das Ministerium Lutz und seine Gegner 1871-82, München 1935. – In der in Anm. 7 angekündigten Arbeit werde ich auf das Verhältnis des Königs zu Freiherrn Georg Arbogast von Franckenstein näher eingehen.

[24] Rummel, a. a. O., S. 57, 173 f.

[25] Die Briefe Ludwigs II. an Bismarck dürfen nicht einfach als Bekenntnis gewertet werden. Der König, der keineswegs „politisch ein Kind" war, wie Doeberl, a. a. O., S. 165, irrtümlich annahm, schrieb sie aus politischen Überlegungen, wie aus einer vertraulichen Äußerung heute erkennbar ist. Bismarck trat zu König Ludwig II. und auch seinem Nachfolger, Prinzregent Luitpold, im politischen Interesse seiner Reichspolitik in Briefwechsel und veröffentlichte bezeichnender Weise später eine Auswahl der Korrespondenz mit Ludwig in seinen „Gedanken und Erinnerungen". Vgl. dazu auch Karl Alexander von Müller, Unbekannte Briefe Bismarcks an Ludwig II., in: Süddeutsche Monatshefte Juni 1932, S. 632 ff., bes. S. 634 Anm. 1. Vgl. zu diesem Problemkreis Irmgard v. Barton gen. v. Stedman, Die preußische Gesandtschaft in München als Instrument der Reichspolitik in Bayern von den Anfängen der Reichsgründung bis zu Bismarcks Entlassung, maschinenschriftl. Dissertation, München 1967.

[26] Vgl. den in Anm. 11 zitierten Aufsatz, bes S. 517 ff.

[27] Vgl. Anm. 12.

[28] Vgl. Rupert Hacker, Ludwig II. von Bayern in Augenzeugenberichten, Düsseldorf 1966, S. 282 ff.

[29] Vgl. Ludwig Schrott, Der Prinzregent, ein Lebensbild aus Stimmen seiner Zeit, München 1962.

[30] Die ausführlichen Angaben Gottfried von Böhms (vgl. Anm. 2) wurden später durch verschiedene Quellen ergänzt, z. B.: Karl Alexander von Müller, Dokumente zur Geschichte der Entmündigung Ludwigs II., in: Süddeutsche Monatshefte Juli 1930, S. 679 ff.; Fridolin Solleder, König Ludwigs II. letzte Tage auf Neuschwanstein, in: Das Bayerland 1926, S. 33 ff.; Franz Müller, Die letzten Tage König Ludwigs II., in: Süddeutsche Monatshefte 1929; verschiedene Zeugnisse wertet ohne Einzelangaben aus: Richard Sexau, Die Tragödie König Ludwigs II., Fluchtversuch nicht Selbstmord, in: Der Zwiebelturm 1957 Heft 12, 1958 Heft 1; Richard Sexau, Fürst und Arzt, Dr. med. Herzog Carl Theodor in Bayern, Graz 1963.

[31] Böhm, a. a. O., S. 689.

[32] Den psychologisch-historischen Eindruck, den die Gestalt König Ludwigs II. auf Mit- und Nachwelt machte, illustriert Anton Sailer, Bayerns Märchenkönig, München 1961. Auf mehr phantastisch-psychologische Versuche aus deutscher, französischer und angelsächsischer Feder kann hier nicht eingegangen werden

Nr. 305 & 306. **Neues Münchener Tagblatt.** **Zweites Blatt.**

München. Dienstag den 1. und Mittwoch den 2. November 1887. **11. Jahrgang.**

Am Sarge König Ludwigs II. in der St. Michaels-Hofkirche zu München.

In der Metropolitan-Pfarrkirche zu Unser Lieben Frau, in der Hofkirche zu St. Kajetan, in der Pfarrkirche zu St. Bonifaz und in der k. Hofkirche zu St. Michael sind die Fürstengrüfte des erlauchten bayerischen Herrschergeschlechtes. Erbaut wurde die Hofkirche zum heil. Michael durch Herzog Wilhelm V. in den Jahren 1583—1591. Die Gruft befindet sich unter dem Presbyterium. Sie bildet ein geräumiges Viereck. In dieses gelangt man durch bequeme breite Stiegen von dem St. Ignatius- und dem Franz Xaverius-Altar aus. Das Gewölbe der Gruft wird durch vier steinerne Säulen getragen. Hierdurch wird die Gruft in ein Mittel- und zwei Seitenschiffe getheilt. Die beiden eisernen Thüren stellen das bayerische Wappen vor. An der Wand im Mittelschiffe steht ein schön gearbeiteter Altar mit dem Bildnisse des gekreuzigten Heilandes. Diesem gegenüber stellt ein Wandgemälde die Auferstehung dar. Vor dem Altar brennt eine Lampe.

Links vom Altar steht der prächtige Sar[g] des unvergeßlichen Königs Ludwig II. Die Tau[-] sende, welche, dem Beispiel des Prinz-Regente[n] und der Prinzen und Prinzessinnen folgend, a[m] Allerseelentag in stiller Andacht in der St. Michael[s-]

Am Sarg Ludwigs II. in der St. Michaelskirche 1887

ABBILDUNGEN

Die mit ihren Inventarnummern aufgeführten Vorlagen der Abbildungen sind, soweit nicht anders angegeben, im Besitz des König-Ludwig-II.-Museums, das sich zu einem großen Teil aus Leihgaben des Wittelsbacher Ausgleichfonds (WAF) zusammensetzt.

Titelblatt: Ludwig II. landet in Schloß Berg, Aquarell von E. Correns, Ausschnitt von Abb. 12

Abbildungen im Textteil

S. III König Ludwig II. nach einer Zeichnung von R. E. Kepler aus der „Gartenlaube" 1886, S. 485

S. 3 Linderhof, das Lieblingsschloß Ludwigs II. Illustration von Heinrich Breling aus der „Gartenlaube" 1886,. S. 633

S. 17 Westfassade des Schlosses Herrenchiemsee mit Fortunabrunnen. Illustration aus der „Gartenlaube" 1886, S. 589

S. 21 Schloß Neuschwanstein beim Tod Ludwigs II. 1886 nach Zeichnung von Robert Aßmus, Illustration aus der „Gartenlaube" 1886, S. 617

S. 30 Dr. Bernhard von Gudden, aus „Illustrierte Zeitung", 26. Juni 1886, S. 634

S. 31 Die Fundstelle der Leichen des Königs und Guddens im Starnberger See nach Zeichnung von Robert Aßmus 1886, aus „Illustrierte Zeitung", 26. Juni 1886, S. 634

S. 32 Die Bergung der Leiche des Königs aus dem See, Illustration aus „Das Deutsche Vaterland", 3. Jg., 20. Juni 1886

S. 33 Aufbahrung Ludwigs II. in Schloß Berg, Illustration aus „Das Deutsche Vaterland", 3. Jg., 20. Juni 1886

S. 34 Titelseite der „Neuesten Nachrichten" von 14. Juni 1886

S. 37 Am Sarg Ludwigs II. in der St. Michaelskirche 1887. Illustration aus „Neues Münchener Tagblatt" vom 1./2. Nov. 1887

Bildteil

1 Ludwig II. in bayerischer Generalsuniform mit dem Komturkreuz des Hubertus-Ritterordens, Bildnis von Wilhelm Tauber, unten sig. „W. Tauber 1864". Öl auf Lw., H. 77 cm, B. 57 cm. – Inv. Nr. 10

2 Prinz Ludwig im 1. Lebensjahr 1846. Kolorierte Photographie nach einem Original von Adolf Grotefend im Besitz des WAF, unten rechts sig. „A. Grotefend". H. 21 cm, B. 16,5 cm. – Inv. Nr. 41

3 Prinz Ludwig mit Bilderbuch. Aquarell von Ernst Rietschel 1847, links unten sig. „E. Rietschel". H. 25 cm, B. 21 cm. – Inv. Nr. 44

4 Prinz Ludwig mit Trommel und Baukasten. Kolorierte Photographie nach einem Aquarell von Ernst Rietschel im Besitz des WAF, links unten sig. „E. Rietschel 1850", rechts unten von der Hand der Königin Marie, der Mutter Ludwigs II., beschriftet: „Weihnachten 1850 (v. König)". H. 33 cm, B. 26 cm. - Inv. Nr. 46

5 Schloß Hohenschwangau, Kinderzeichnung Ludwigs II., rechts unten von Königin Marie beschriftet: „Ludwig gez. 1858". Bleistiftzeichnung. H. 19,5 cm, B. 26,7 cm. - Inv. Nr. 45

6 Königin Marie mit ihren Söhnen, den Prinzen Ludwig und Otto, beim Füttern der Schwäne. Kolorierte Photographie nach einem Aquarell von Ernst Rietschel 1850 im Besitz des WAF. H. 41 cm, B. 31 cm. - Inv. Nr. 47

7 König Maximilian II. mit Königin Marie und seinen Söhnen Ludwig und Otto in Hohenschwangau. Lithographie um 1850, unten sig. „Componirt u. nach dem Leben gez. v. E. CORRENS - Auf Stein gez. v. J. WOELFFLE". H. 86 cm, B. 60 cm. - Inv. Nr. 37

8 Königin Marie mit den Prinzen Ludwig und Otto auf der Treppe zum Schloß Hohenschwangau. Photographie von Joseph Albert 1858. - Inv. Nr. 61

9 Kronprinz Ludwig und Prinz Otto in Jägerkleidung an einem felsigen Abhang, links Otto, rechts Ludwig. Photographie von Joseph Albert 1857. - Inv. Nr. 53

10 Die königliche Familie beim Spaziergang in Hohenschwangau, Photographie von Joseph Albert 1859. Von links nach rechts: unbekannter Hofkavalier, König Maximilian II., Gräfin Fugger, Prinz Otto, Kronprinz Ludwig, Königin Marie. - Inv. Nr. 51

11 Königin Marie, König Ludwig II. und Prinz Otto bei Tisch im Landhaus Elbigenalp. Photographie von Josef Albert 1864 (?). - Inv. Nr. 80

12 Ludwig II. landet in Schloß Berg, im Vordergrund der König mit einer Rose in der Linken, rechts zwei ein Pferd haltende Lakaien, im Hintergrund Schloß Berg, links drei Matrosen vor dem Raddampfer „Tristan". Aquarell von Erich Correns, links unten sig. „Er. Correns. / fec. 1867." H. 33 cm, B. 48 cm. - Inv. Nr. 102

13 Kronprinz Ludwig, Photographie von Joseph Albert vom 14. Mai 1861. - Inv. Nr. 71

14 Kronprinz Ludwig in der Uniform des Infanterie-Leibregiments. Photographie von Joseph Albert 1863. - Inv. Nr. 68

15 Kronprinz Ludwig. Photographie von Joseph Albert 1863. - Inv. Nr. 69

16 Ludwig II. in Generalsuniform mit Krönungsmantel. Bildnis von Ferdinand Piloty 1865, rechts unten sig. „Ferd. Piloty", links oben unter dem bayerischen Königswappen Inschrift: „LUDOVICUS II. / BAVARIAE REX / MDCCCLXV." Öl auf Lw., H. 334 cm, B. 162 cm. - Inv. Nr. 901

17 Ludwig II., Photographie von Joseph Albert 1864. – Inv. Nr. 93

18 Bildnis Richard Wagners, Geschenk des Komponisten an den König, wohl 1864, Unterschrift von der Hand Wagners: „So giebst nur Du die Kraft mir, Dir zu danken, / durch Königlichen Glauben ohne Wanken. / Richard Wagner." Aquarellierte Photographie, oval, H. 84 cm. – Inv. Nr. 609

19 Ludwig und Malvine Schnorr v. Carolsfeld als Tristan und Isolde der Münchner Uraufführung von 1865, Photographie von 1865. – Inv. Nr. 668

20 Modell des für die Musikdramen Richard Wagners am rechten Isarufer, etwa an der Stelle des jetzigen Friedensengels, projektierten Münchner Festspielhauses nach Plänen Gottfried Sempers von 1865/66. Rekonstruktion von Hermann R. Dürr 1927 (das Originalmodell im letzten Krieg zerstört). Länge 220 cm, B. 219 cm, H. 50 cm (ohne Brückenteil). – Inv. Nr. 606

21 Schlußbild der Münchner Erstaufführung des „Fliegenden Holländers" am 4. Dez. 1864. Aquarell von Michael Echter, unten links sig. „M Echter /15/4 1874". Höhe 48 cm, Breite 63,5 cm. – Inv. Nr. 697

22 Schlußbild der Münchner Uraufführung von „Tristan und Isolde" am 10. Juni 1865. Grau lavierte Bleistiftzeichnung von Michael Echter 1867. H. 48 cm, B. 64 cm. – Inv. Nr. 632

23 Schlußbild der Münchner Uraufführung der „Meistersinger von Nürnberg" am 21. Juni 1868. Aquarell von M. Echter, unten rechts sig. „M. Echter. / 1872". H. 49,3 cm, B. 65,5 cm. – Inv. Nr. 712

24 Ludwig II. begrüßt das österreichische Kaiserpaar Franz Joseph und Elisabeth vor der Kurhalle in Bad Kissingen am 18. Juni 1864, links vom König die Kaiserin von Rußland. Aquarell von Johannes Maar, rechts unten sig. „Joh. Maar / 1864". H. 22,5 cm, B. 31 cm. – Inv. Nr. 99

25 Besuch König Wilhelms I. von Preußen in Hohenschwangau im August 1865, vor dem Hintergrund von Schloß Hohenschwangau im vierspännigen Wagen gegenüber Ludwig II. König Wilhelm I. und Königin-Mutter Marie. Photographie nach einer Zeichnung von Josef Watter. – Inv. Nr. 95

26 Ludwig II. bei der Morgenpromenade mit seinem Flügeladjutanten im Park von Schloß Berg. Aquarell von Ludwig Quaglio, unten links sig. „L. Quaglio. fec. 1865". H. 24 cm, B. 33,5 cm. – Inv. Nr. 101

27 Besuch der Zarin Maria Alexandrowna in Schloß Berg am 26. September 1868, im Vordergrund der König mit der Zarin nach Verlassen des Raddampfers „Tristan", im Hintergrund Illumination mit russischer Kaiserkrone und Kaiserflagge. Aquarell von Josef Watter, unten rechts sig. „J. Watter München". H. 34 cm, B. 52 cm. – Inv. Nr. 100

28 General Ludwig Frh. von der Tann, bayerischer Generalstabs-

chef 1866. Photographie von Franz Hanfstaengl. – Inv. Nr. 107

29 Ludwig Freiherr von der Pfordten, bayerischer Außenminister 1849–1859 und 1864–1866, Photographie. – Inv. Nr. 136

30 Prinz Ludwig von Bayern, der gleichaltrige Vetter Ludwigs II. und spätere Ludwig III. wird 1866 bei Helmstadt verwundet. Photographie von Joseph Albert nach einem Gemälde von 1873. – Geheimes Hausarchiv

31 Königin-Mutter Marie besucht 1866 verwundete Soldaten. Lithographie mit Titel „Die Königin-Mutter Marie von Bayern / im Jahre 1866", rechts unten sig. „Comp. A. Kraus. Lithogr. S. Braun". H. 45 cm, B. 60 cm. – Geheimes Hausarchiv

32 Ludwig II. zu Pferd, Gemälde von Theodor Dietz 1866. Öl auf Lw., H. 210 cm, B. 175 cm. – Marstallmuseum Nymphenburg

33 Kaiserin Elisabeth von Österreich zu Pferd 1853, im Hintergrund Schloß Possenhofen. Stich nach einem Gemälde von Piloty und Adam mit Titel „KAISERIN ELISABETH VON OESTERREICH &&& ALS PRINZESSINBRAUT ZU POSSENHOFEN MDCCCLIII...", unten bez. „Das Bildniss nach dem Leben gemalt von Carl Piloty – Gestochen von A. Fleischmann – Das Pferd nach der Natur gemalt von Franz Adam". H. 87 cm, B. 67,5 cm. – Inv. Nr. 159

34 Herzogin Sophie Charlotte in Bayern, Photographie von Franz Hanfstaengl 1867 (?). – Inv. Nr. 91

35 Ludwig II. und seine Verlobte Herzogin Sophie Charlotte in Bayern. Photographie von Joseph Albert 1867. – Inv. Nr. 90

36 Die Venusgrotte von Linderhof in roter Beleuchtung, erbaut für Ludwig II. 1876/77 nach dem Vorbild der Dekoration des 1. Akts von Richard Wagners „Tannhäuser", Aquarell von Heinrich Breling 1880, sig. rechts unten „H. Breling". H. 22,5 cm, B. 33 cm. – Inv. Nr. 295

37 Ludwig II. im Ornat des Georgi-Ritterordens. Photographie von Joseph Albert 1866. – Inv. Nr. 96

38 Kapitelsitzung des Georgi-Ritterordens im Inneren Audienzzimmer der „Reichen Zimmer" der Münchner Residenz, links unter dem Thronbaldachin Ludwig II. Aquarell von Friedrich Eibner (Architektur) und Fritz Schwörer (Personen) 1869, sig. rechts unten „F: Eibner", links unten „Schwörer". H. 44 cm, B. 58,5 cm. – Wittelsbacher Ausgleichsfonds

39 Ludwig II. erteilt beim Georgi-Ritterfest in der Alten Hofkapelle der Münchner Residenz den Ritterschlag. Aquarell von Friedrich Eibner 1869, entsprechend den signierten Aquarellen Abb. 38 und Abb. 40 wohl in Zusammenarbeit mit Fritz Schwörer oder Julius Frank. H. 43,7 cm, B. 58,9 cm. – Wittelsbacher Ausgleichsfonds

40 Bankett des Georgi-Ritterordens mit Ludwig II. im St.-Georgssaal der Münchner Residenz. Aquarell von Friedrich Eibner (Architektur) und Julius Frank (Personen), rechts unten sig.

„Jul. Frank/u. / F. Eibner. / 1869." H. 46,2 cm, B. 60,5 cm. – Wittelsbacher Ausgleichsfonds

41 Eine Theatervorstellung vor Ludwig II. im Alten Residenztheater, wo seit 1872 Separatvorstellungen des Königs stattfanden. Aquarell von Gustav Seeberger, links unten sig. „G. Seeberger. / 1867". H. 43,5 cm, B. 58,3 cm. – Wittelsbacher Ausgleichsfonds

42 Der Wintergarten Ludwigs II. auf dem Dach des Festsaalbaus der Münchner Residenz, errichtet durch Karl von Effner 1868/1869, nach dem Tod des Königs wieder abgerissen. Photographie von Joseph Albert. – Inv. Nr. 554

43 Festbankett mit Ludwig II. im Ballsaal des Festsaalbaus der Münchner Residenz anläßlich der Hochzeit der Erzherzogin Gisela, Tochter von Kaiser Franz Joseph, und dem Prinzen Leopold Maximilian, Sohn des späteren Prinzregenten Luitpold. 1873. Aquarell, links unten sig. „F (= Friedrich) Eibner u. Wiedemann 1873". H. 54 cm, B. 72,7 cm. – Wittelsbacher Ausgleichsfonds

44 Das Schlafzimmer der 1864/67 eingerichteten und 1944 zerstörten Wohnung Ludwigs II. in der Münchner Residenz. Photographie von Joseph Albert nach einem Gemälde von Richard Zimmermann 1870, rechts unten sig. „Rch. Zimermann / 1870." – Inv. Nr. 2746

45 Ludwig II., Photographie von Joseph Albert 1871. – Inv. Nr. 106

46 Graf Otto v. Bray-Steinburg, Außenminister 1870/71. Photographie von Franz Hanfstaengl um 1870. – Inv. Nr. 1006

47 Nationale Huldigung vor der Münchner Residenz am 17. Juli 1870. Illustration aus einer Zeitschrift. – Inv. Nr. 112

48 Die Feldherrnhalle im Festschmuck mit Büste Ludwigs II. anläßlich des Siegeseinzugs in München am 16. Juli 1871. Photographie von Joseph Albert (?) 1871. – Inv. Nr. 111

49 Kronprinz Friedrich Wilhelm von Preußen in Generalsuniform. Photographie von Franz Hanfstaengl um 1870. – Inv. Nr. 1003

50 Prinz Otto von Bayern, der Bruder Ludwigs II., in Uniform. Photographie von Joseph Albert um 1870. – Inv. Nr. 224

51 Der Siegeseinzug der bayerischen Truppen in München am 16. Juni 1871 unter Führung von Kronprinz Friedrich Wilhelm von Preußen. Aquarell von Alois Bach, rechts unten sig. „Bach fec." H. 30,5 cm, B. 50,5 cm. – Inv. Nr. 113

52 Ludwig II. zu Pferd an der Spitze seines Generalstabes, rechts vom König Prinz Luitpold, im Hintergrund München und Truppen in Paradeaufstellung. Photographie nach einem Gemälde von Ludwig Behringer, unten rechts sig. „Behringer 1879". – Inv. Nr. 116

53 Linderhof, erbaut für Ludwig II. seit 1869, Blick vom oberen Gartenpavillon über die Kaskade auf das Schloß und den süd-

lichen Terrassengarten. Aquarell von Heinrich Breling 1879/80, unten rechts sig. „H. Breling". H. 24 cm, B. 21,5 cm. - Inv. Nr. 275

54 Baustelle in Linderhof, Anlage des Hauptparterres mit dem Bassin vor dem Schloß und des südlichen Terrassengartens. Photographie von 1874/75. - Inv. Nr. 272

55 Kahnfahrt Ludwigs II. in der Venusgrotte von Linderhof. Illustration nach Zeichnung von Robert Aßmus aus der „Gartenlaube" 1886, S. 648/49

56 Ludwig II., Photographie von Joseph Albert 1875. - Inv. Nr. 118

57 Schlittenfahrt Ludwigs II. im Gebirge. Photographie von Franz Hanfstaengl nach einem Aquarell von Heinrich Breling um 1880, links unten sig. „H. Breling". - Inv. Nr. 131

58 Die Hundinghütte bei Linderhof, erbaut für Ludwig II. 1876 nach dem Vorbild der Dekoration des 1. Akts von Richard Wagners „Walküre", Aquarell von Heinrich Breling 1882, unten rechts sig. „H. Breling". H. 33 cm, B. 55 cm. - Inv. Nr. 300

59 Schloß Linderhof im Winter mit sechsspännigem Galaschlitten Ludwigs II., Aquarell von Heinrich Breling 1880/81, unten links sig. „H. Breling". H. 39 cm, B. 55 cm. - Inv. Nr. 126

60 Schloß Neuschwanstein, der Ausführung (Grundsteinlegung 1869) zugrunde liegender Entwurf des Bühnenmalers Christian Jank, rechts unten sig. „Chr. Jank 69". Gouache, H. 62 cm, B. 77 cm. - Inv. Nr. 402

61 Schloß Herrenchiemsee, Entwurf für die Westfassade von Georg Dollmann 1875 (Grundsteinlegung des Schlosses 1778). Aquarellierte Federzeichnung, H. 31 cm, B. 122,5 cm. - Inv. Nr. 329

62 Die unvollendete westliche Gartenanlage von Herrenchiemsee, Blick vom unteren Parterre über das Apollo-Bassin und den Kanal gegen den See. Nicht signiertes Aquarell um 1880. H. 21,5 cm, B. 34,5 cm. - Inv. Nr. 380

63 Ludwig II. im Ornat des Georgi-Ritterordens mit dem historischen Georgi-Ritterschwert (Schatzkammer der Residenz München). Erst nach dem Tod des Königs vollendetes Gemälde von Gabriel Schachinger, unten links sig. „Gab. Schachinger / München 1887". Öl auf Lw., H. 257 cm, B. 173 cm. - Inv. Nr. 6

64 Nächtliche Schlittenfahrt Ludwigs II. von Schloß Neuschwanstein nach Linderhof; der jetzt im Marstallmuseum Nymphenburg gezeigte Prunkschlitten gefertigt von Syrius Eberle und Lorenz Gedon nach Entwurf von Franz Seitz. Gemälde von R. Wenig um 1880. Öl auf Lw., H. 80 cm, B. 125 cm. - Marstallmuseum Nymphenburg

65 Ludwig II. beim Ausritt am Starnberger See. Photographie nach einem Aquarell von 1878. - Inv. Nr. 129

66 Ausfahrt Ludwigs II. ins Graswangtal. Aquarell von Otto von Ruppert, sig. unten rechts „O. v. Ruppert 1881". H. 21 cm, B. 28 cm. - Inv. Nr. 124

67 Ludwig II. und der Schauspieler Josef Kainz während der Schweizer Reise im Juni 1881. Photographie von Syneberg, Luzern. - Theatermuseum München

68 Graf Dürkheim, Flügeladjutant Ludwigs II. 1886. Photographie von Joseph Albert um 1880. - Inv. Nr. 140

69 Ludwig II., Photographie von Joseph Albert 1886. - Geheimes Hausarchiv

70 Schloß Berg am Starnberger See. Aquarell von Max Kuhn, rechts unten sig. „M. Kuhn 1875". H. 19,5 cm, B. 28,5 cm. - Inv. Nr. 127

71 Ludwig II., eine der letzten Photographien des Königs von Joseph Albert. - Geheimes Hausarchiv

72 Das Aufbahrungszimmer in Schloß Berg. Photographie von Joseph Albert 1886. - Inv. Nr. 143

73 Ludwig II. auf dem Paradebett am 16./17. Juni 1886, der tote König im Ornat des Hubertus-Ritterordens. Photographie von J. Albert. - Inv. Nr. 151

74 Das Leichenbegängnis Ludwigs II. am 19. Juni 1886; der Zug am Gebäude der ehem. Pagerie (Karlsplatz), rechts das Tor zum Alten Botanischen Garten mit dem Glaspalast im Hintergrund. Photographie von Franz Hanfstaengl 1886. - Inv. Nr. 147

75 Das Leichenbegängnis Ludwigs II. am 19. Juni 1886; die Ankunft des Leichenwagens an der St.-Michaelskirche. Photographie von 1886. - Inv. Nr. 145

76 Standbild des Königs im Kostüm des Georgi-Ritterordens, Statue nach einem Modell von Elisabeth Ney, ausgeführt von Friedrich Ochs, am Sockel sig. „Elisabeth Ney fec. 1870 - Fr. Ochs fec. Marmor". Weißer Marmor, Höhe 200 cm. - Inv. Nr. 1

Wir danken allen Firmen und Instituten, die die Herausgabe dieses Kunstführers durch ihre Anzeige förderten.